Deutsche Bibliothek – CIP-Einheitsaufnahme

Sara Konstanze Müller
Leben und Arbeiten in Mexiko

Berlin: Gentlemen's Digest Ltd. & Co. KG, 2011
ISBN 978-3-941045-20-0

1. Auflage 2011

© Gentlemen's Digest Ltd. & Co. KG, Berlin
Alle Rechte vorbehalten. All rights reserved.
Bildrechte Cover-Bilder:
© Sara Konstanze Müller
© Bas Meelker – Fotolia.com
© Vladimir Melnik – Fotolia.com
© lunamarina – Fotolia.com
© Robert Crum – Fotolia.com

Herausgeber und Verlag: GD-Verlag | Gentlemen's Digest Ltd. & Co. KG
  Auguststr. 75 | D-10117 Berlin
  eMail: info@gdigest.com

Druck und Bindung: Sowa-Druck auf Wunsch
  www.sowadruk.pl

Alle hier vorliegenden Inhalte sind urheberrechtlich geschützt. Die Vervielfältigung, Verbreitung und Übersetzung ist nicht gestattet. Kein Teil des Werkes darf in irgendeiner Form (durch Fotokopie, Mikrofilm oder ein anderes Verfahren) ohne schriftliche Genehmigung des Verlags reproduziert oder unter Verwendung elektronischer Systeme gespeichert, verarbeitet, vervielfältigt oder verbreitet werden.
Der Nachdruck, auch auszugsweise, ist verboten und wird als Rechtsverletzung strafrechtlich und zivilrechtlich verfolgt.

www.gdigest.com | www.auswandern-infos.com | www.xinxii.com

Sara Konstanze Müller

Leben und Arbeiten in Mexiko

INHALT

Die wichtigsten Daten zu Mexiko im Überblick 9
Vorwort 11
1. Vor Reiseantritt 13
   1.1 Visum in Deutschland, Österreich oder der Schweiz beantragen 15
   1.2 Spanisch lernen in Deutschland, Österreich und der Schweiz 16
      1.2.1 Sprachkurse 17
      1.2.2 Online-Tools und Lernbücher zum Spanischlernen 17
   1.3 Impfungen 21
   1.4 Geldangelegenheiten 23
   1.5 Möbel und Hausrat verschicken 24
   1.6 Erste Unterkunft 25
   1.7 Der Flug 27
   1.8 Was nehme ich mit nach Mexiko? 31

2. Die Ankunft 35
   2.1 Vom Flughafen ins neue Heim 37
   2.2 Jetlag: Wie man ihn lindert oder gar vermeidet 38

3. Der Alltag in Mexiko 41
   3.1 Das mexikanische Essen 43
      3.1.1 Essen und Trinken 43
      3.1.2 Durchfall vermeiden: Was und wo kann man essen? 49
      3.1.3 Tequila, Micheladas und andere alkoholische Getränke 51
      3.1.4 Appetit auf deutsches Brot? 53
   3.2 Jahreszeiten und Tagesrhythmen 56
      3.2.1 Klima und Jahreszeiten 56
      3.2.2 Arbeits- und Essenszeiten 58
      3.2.3 Der Sonntag in Mexiko 59
   3.3 Ich verstehe nur Spanisch 59
      3.3.1 Sprachenvielfalt in Mexiko 59
      3.3.2 Das mexikanische Spanisch 61
      3.3.3 Sprachkurse in Mexiko 65
   3.4 Der Straßenverkehr 66
      3.4.1 Straßenverkehrsregeln 67
      3.4.2 Führerschein und Fahrschule 69

3.4.3 Polizei und Strafen 71
3.4.4 Unfälle 73
3.4.5 Öffentliche Verkehrsmittel – Bus, Taxi, Metrobus oder Metro? 74
3.5 **Sicherheit in Mexiko**.. 77
3.6 **Medien**.. 79
    3.6.1 Deutschsprachige Medien in Mexiko............................... 80
3.7 **Religion** 81
3.8 **Telenovelas und Mariachi**... 84

4. Leben und Wohnen in Mexiko.. 87
4.1 **Rund ums eigene Heim**.. 89
    4.1.1 Eine Wohnung mieten 89
    4.1.2 Die Wohnung einrichten: Möbel und Hausrat kaufen............... 91
    4.1.3 Fernsehen, Telefon und Internet.................................. 93
    4.1.4 Gas, Strom und Wasser 96
4.2 **Visum beantragen**.. 98
4.3 **Ein Konto eröffnen** 100
4.4 **Kommunikation nach Europa**.. 101
    4.4.1 Via Telefon und Internet 101
    4.4.2 Auf dem Postweg 102
4.5 **Einkaufen** 103
    4.5.1 Supermärkte und andere Lebensmittelläden..................... 103
    4.5.2 Einkaufszentren 104
    4.5.3 Märkte 105
    4.5.4 Preise verhandeln 106
4.6 **Freizeitbeschäftigungen**.. 107
    4.6.1 Sport.. 107
    4.6.2 Musizieren 109
    4.6.3 Yoga und andere spirituelle Angebote 109
    4.6.4 Ausgehen in Mexiko 110
4.7 **Deutsche, Österreicher und Schweizer in Mexiko**...................... 113

5. Arbeiten in Mexiko... 117
5.1 **Allgemeine Informationen**... 119
5.2 **Arbeit suchen** 120
    5.2.1 Lebenslauf und Bewerbungsgespräch auf Mexikanisch 121
5.3 **Ein Geschäft eröffnen**.. 122
5.4 **Steuern** 124
5.5 **Gesetzliche Feiertage**.. 125

6. Studieren in Mexiko ... 129
　6.1 Auslandssemester ... 131
　6.2 Praktikum ... 132

7. Mexikanisch heiraten ... 133

8. Ich bin krank – was nun? ... 137
　8.1 Auslandskrankenversicherung für Mexiko ... 139
　8.2 Der Arztbesuch ... 141
　8.3 Kleines Krankheits- und Arztlexikon ... 142
　8.4 Medikamente ... 144
　8.5 Verbreitete Krankheiten ... 145

9. Mit Kindern in Mexiko ... 147
　9.1 Kindergärten, Schulen und Universitäten ... 149
　　9.1.1 Private und öffentliche (Hoch-)Schulen ... 150
　9.2 Kinder zweisprachig erziehen ... 151
　9.3 Freizeitangebote für Kinder ... 153

10. Politisches und Historisches ... 155
　10.1 Kurzer Überblick über die Geschichte Mexikos ... 157
　10.2 Politik ... 172
　10.3 Wirtschaft ... 175
　10.4 Piraterie, Korruption und Drogenhandel ... 176

11. Interkulturelle Probleme ... 181

12. Die Geografie Mexikos ... 187
　12.1 Fauna und Flora ... 190

13. Reisen in Mexiko ... 193
　13.1 Sehenswürdigkeiten und Reiseziele ... 195
　13.2 Hostel oder Hotel – Luxusreise oder Backpacking? ... 203

14. Notrufnummern und andere wichtige Kontaktadressen in Mexiko ... 207

15. Kleines Reisewörterbuch ... 211

Über die Autorin ... 221

Index ... 223

Die wichtigsten Daten zu Mexiko im Überblick

Hauptstadt	Mexico D. F. (Distrito Federal), dt.: Mexiko-Stadt
Staats- und Regierungsform	Präsidiale Bundesrepublik mit 31 Bundesstaaten und einem Bundesdistrikt (*Distrito Federal*)
Einwohnerzahl	105,79 Millionen
Fläche	1.972.550 km²
Währung	Mexikanischer Peso (MXN), Umrechnung: 1 Euro = ca. 15–20 MXN
Amtssprache	Spanisch
Weitere Sprachen	62 indigene Sprachen (u. a. Náhuatl, Maya und Mixteco)
internationale Telefonvorwahl	0052 + Vorwahl des Bundesstaates (lada)
Nationalfeiertag	16.09. Unabhängigkeitstag (1810, Beginn der Revolution), 15.09. nachts *Grito de la Independencia*
Unabhängigkeit	seit 1821
Stärkste Parteien	PAN (*Partido Acción Nacional*) PRI (*Partido Revolucionario Institucional*) PRD (*Partido de la Revolución Democrática*)
Derzeitiger Präsident	Felipe de Jesús Calderón Hinojosa (PAN)
Nächste Präsidentschaftswahlen	November 2012
Wichtige Internetseiten	Gelbe Seiten: www.seccionamarilla.com.mx Deutsch-mexikanisches Forum: www.mexico-mexiko.com Homepage der Regierung: www.gob.mx Offizielle Reiseinformationen u. a.: www.auswaertiges-amt.de Statistische Daten: www.inegi.com.mx

VORWORT

Sind es die atemberaubenden Landschaften Mexikos, ein lukrativer Job, ein spannendes Praktikum, ein spaßiges Auslandssemester, eine interessante Herausforderung oder eine schöne Mexikanerin oder ein charmanter Mexikaner? Was immer es ist, das Sie nach Mexiko gebracht hat – es erwartet Sie ein Land voller Magie, Wärme und Herzlichkeit. Sie werden freundliche, offenherzige Menschen treffen, eine klangvolle Sprache lernen, Ihnen bisher unbekannte süße Früchte und feurige Speisen probieren und neue Sicht- und Denkweisen kennenlernen und annehmen.

Vielleicht verschlägt es Sie in die Hauptstadt Mexikos, die mit ihren 16 Millionen Einwohnern nicht nur viel Verkehr, sondern auch vielfältige Kultur zu bieten hat. Oder Sie reisen in die urtümlichen, größtenteils von Ureinwohnern bewohnten Gebiete Chiapas oder Tabascos, deren Regenwälder Ihnen eine einzigartige Vielfalt an Pflanzen und Tieren offenbaren. Möglicherweise liegt Ihr neuer Wohnort am Meer, nahe den weißen Sandstränden der türkisblauen Karibik oder den wilden Wellen des Pazifiks. Oder Ihr Ziel ist eine der Großstädte Guadalajara, Monterrey oder Puebla oder auch ein abgeschiedenes Dorf auf dem Lande. Wohin auch immer es Sie in Mexiko verschlägt, es warten viele neue Dinge auf Sie: neue Gewohnheiten, neues Essen, andere Arbeitsweisen, neue Aufgaben, ein anderes Klima und vor allem eine andere Kultur.

Das Leben in der mexikanischen Kultur, die so ganz anders ist als die deutsche, wird Ihnen zum einen viel Freude und Spaß bereiten, zum anderen wird es Sie auch vor Herausforderungen und Probleme stellen. Routinierte Handlungen, die Sie in Ihrem Heimatland tagtäglich ohne Nachdenken erledigen, wie Rechnungen bezahlen oder Verabredungen machen, werden Sie in Mexiko neu erlernen müssen. Einige Eigenschaften der Mexikaner werden Sie vielleicht verunsichern, langwierige bürokratische Wege werden Sie zur Weißglut treiben.

Vorwort

Um Ihnen das Einleben in Mexiko zu erleichtern und Sie vor der ein oder anderen Verwirrung und Enttäuschung zu bewahren, wurde dieses Buch verfasst.

Es soll Ihnen als Ratgeber im mexikanischen Alltag dienen. Es gibt Ihnen Anleitungen und hilfreiche Tipps zum Erledigen der verschiedensten Aufgaben wie zum Beispiel der Kontoeröffnung oder der Visabeantragung. Es bringt Ihnen die mexikanische Kultur und Geschichte, den Alltag und die Gewohnheiten und Eigenarten der hier lebenden Menschen näher. Hoffentlich kann es Ihnen Unsicherheiten und Unwissenheit nehmen und Ihnen hier und da unangenehme oder auch peinliche Situationen ersparen.

Danksagungen

Ich möchte mich gern bei all den wundervollen Menschen bedanken, die ich in Mexiko kennenlernen durfte und die mir geholfen haben, dort Fuß zu fassen. Viele von ihnen sind für mich zu einem wichtigen Teil meines Lebens geworden. Besonders danken möchte ich meiner Freundin, Gefährtin und Namensvetterin Sara, die immer an meiner Seite war, mir mit einer unglaublichen Geduld die mexikanische Kultur erklärt und mir aus dem ein oder anderen kulturschockähnlichen Zustand geholfen hat. Und auch an meine Familie in Deutschland geht ein herzlicher Dank dafür, dass sie mich in allen meinen Plänen und Ideen immer unterstützt hat.

Sara Konstanze Müller

1. Kapitel:
VOR REISEANTRITT

1.1 Visum in Deutschland, Österreich oder der Schweiz beantragen

Bei der mexikanischen Botschaft in Deutschland, Österreich (Wien) und der Schweiz (Bern) können Studenten, Praktikanten und Rentner schon vor ihrer Reise ein Visum für ihren Aufenthalt in Mexiko beantragen. Für die Beantragung eines Arbeitsvisums brauchen Sie eine Arbeitserlaubnis oder einen Arbeitsvertrag, die Sie in Mexiko von Ihrem Arbeitgeber bekommen bzw. mit seiner Hilfe beantragen müssen. Daher ist es sehr schwierig, ein Arbeitsvisum außerhalb Mexikos zu beantragen.

Mit dem Touristenvisum, das Sie bei Ihrer Einreise bekommen, können Sie sich sechs Monate in Mexiko aufhalten. Genug Zeit, um das Arbeitsvisum vor Ort zu beantragen. (Informationen zum genauen Prozedere finden Sie in Kapitel 4.2.)

Informationen zum formalen Ablauf und den für den Antrag von Studenten-, Rentner- oder Praktikantenvisa notwendigen Dokumenten finden Sie auf der Internetseite der mexikanischen Botschaft (*Embajada de México*) in Deutschland: http://portal.sre.gob.mx/alemania. Achten Sie darauf, dass es in Deutschland zwei mexikanische Botschaften gibt, eine in Berlin und die andere in Frankfurt am Main. Jede ist für einen bestimmten Einzugsbereich zuständig:

Mexikanische Botschaft
Klingelhöferstr. 3
10785 **Berlin**
Tel.: 030 269323-0
Fax: 030 269323-700
Email: mail@mexale.de
Zuständig für Berlin, Bremen, Brandenburg, Hamburg, Mecklenburg-Vorpommern, Niedersachsen, Sachsen, Sachsen-Anhalt, Schleswig-Holstein und Thüringen.

1. Vor Reiseantritt

Generalkonsulat von Mexiko
Taunusanlage 21
60325 **Frankfurt am Main**
Tel.: 069 299875-0
Fax: 069 299 875-75
E-Mail: info@consulmexfrankfurt.org
Zuständig für Baden-Württemberg, Bayern, Hessen, Rheinland-Pfalz, Nordrhein-Westfalen und Saarland.

Mexikanische Botschaft in der Schweiz
Weltpoststrasse 20
3015 **Bern**
Tel.: (+41) 31 357 47 47
Fax: (+41) 31 357 47 48
Email: embamex1@swissonline.ch

Mexikanische Botschaft in Österreich
Operngasse 21, 10. Stock
1040 **Wien**
Tel: (01) 310 73 83.
Fax: (01) 310 73 87.
Email: embamex@embamex.or.at

1.2 Spanisch lernen in Deutschland, Österreich und der Schweiz

Vor der Reise nach Mexiko ist es sehr zu empfehlen, etwas Spanisch zu lernen, um sich bei der Ankunft auf dem anderen Kontinent zumindest grundlegend verständigen zu können. In größeren Städten und in touristischen Regionen sprechen viele Mexikaner Englisch; auf dem Land oder bei der Kommunikation mit sozial schlechter Gestellten kommt man mit Englisch jedoch nicht weit. Sprechen Sie Spanisch, haben Sie auch beim Kaufen und Handeln bessere Karten.

1.2.1 Sprachkurse

Volkshochschulen, Sprachschulen und Universitäten bieten Sprachkurse für verschiedene Niveaus an. Für solche, die in kurzer Zeit Grundkenntnisse der spanischen Sprache erwerben wollen, gibt es Intensivkurse, zum Beispiel in den Sommerferien.

Empfehlenswert ist es, sich einen mexikanischen oder lateinamerikanischen Lehrer zu suchen. Das Spanisch, das in Spanien gesprochen wird, unterscheidet sich in Vielem von dem mexikanischen Spanisch. Sollte Ihr Lehrer Spanier sein, bitten Sie ihn, auch auf lateinamerikanische Wendungen und vor allem Besonderheiten in der Grammatik hinzuweisen. In diesem Buch finden Sie in Kapitel 3.3.2 eine Übersicht über die Besonderheiten des Spanischen in Mexiko.

Volkshochschulkurse und auch Sprachschulen sind manchmal aufgrund der unterschiedlichen Bildungshintergründe und der großen Altersspanne der Teilnehmer nicht so intensiv. Wer die Möglichkeit hat, einen Sprachkurs an einer Universität zu besuchen, sollte diese unbedingt nutzen.

In Mexiko gibt es zahlreiche, teils sehr preiswerte Sprachkurse, wo Sie Ihre in der Heimat erworbenen Grundkenntnisse vertiefen und verbessern können oder die Sprache von Grund auf lernen können. Mehr Informationen zu Sprachschulen in Mexiko finden Sie in Kapitel 3.3.3.

1.2.2 Online-Tools und Lernbücher zum Spanischlernen

Für diejenigen, die lieber am PC als in einem Klassenraum sitzen, bietet das Internet etliche gute und teilweise auch kostenlose Onlinetools zum Spanischlernen. Auch wenn Sie lieber auf dem Heimweg nach der Arbeit im Auto oder im Zug Spanisch lernen möchten, gibt es Alternativen zu Schulsprachkursen. Es gibt zahlreiche Spanischhörkurse, bei denen das Lernen über verstehendes Hören und dem Nachsprechen des Gehörten erfolgt. Visuell orientierte Menschen sollten sich jedoch besser ein ausführliches Lehrbuch mit einer CD dazu kaufen. Generell reicht das sture Lernen am PC, mit einer CD oder einem Buch für das

Erlernen einer Fremdsprache leider nicht aus. Es fehlen Interaktion, das aktive Sprechen und auch die Korrektur durch Dritte. Wer viel Selbstdisziplin hat, kann möglicherweise durch autonomes Studium einen ersten Einblick in die Sprache und ihre Grammatik bekommen. Für Anfänger empfehle ich jedoch einen Spanischkurs an einer Universität, Sprach- oder Volkshochschule.

Wer keine Zeit für regelmäßigen Unterricht hat oder schon Vorkenntnisse besitzt und seine Spanischkenntnisse vor der Reise lediglich auffrischen will, kann im Internet oder in Buchhandlungen jedoch gute Angebote finden.

Online finden sich etliche Wörterbücher, Grammatikübersichten und sogar komplette Online-Sprachkurse – kostenlos!

Online-Sprachkurse

Ein erstaunlich gutes, interaktives und sogar in der kostenlosen Variante sehr umfangreiches Tool zum Spanischlernen bietet die Website www.busuu.com. In zahlreichen, thematisch geordneten Lektionen bekommt man zunächst Vokabeln „beigebracht" – mit Bildern, Beispielsätzen und Aussprache. Darauf folgt ein kurzer Text zur Abfrage der Vokabeln. Im Anschluss wird man freundlich aufgefordert, einen Text zu verfassen und diesen an Muttersprachler zu schicken, die diesen kontrollieren – erstaunlich schnell erhält man die Resultate! Bevor in einem Abschlusstest überprüft wird, was man gelernt hat, soll man mit Muttersprachlern chatten und das Gelernte anwenden. Aus einer Liste von spanischsprachigen Muttersprachlern, die derzeit online sind, wählt man eine Person aus und beginnt den Chat.

Man kann außerdem Muttersprachler wie auch andere Spanischlernende als Freunde hinzufügen, mit ihnen chatten und ihnen Übungen zuschicken und empfangen. Alles in allem ein sehr umfangreiches, interaktives Tool – sehr zu empfehlen!

Außerdem empfehlenswert ist www.spanisch-lehrbuch.de. Hier finden Sie ein komplettes Spanischlehrbuch online mit zahlreichen Hörbeispielen in spanischem Spanisch und lateinamerikanischem Spanisch sowie ausführlichen Erläuterungen. Die Übungen sind im Vergleich zu busuu.com weniger zahlreich und werden nicht automatisch korrigiert.

Spanisch-Lernbücher

Sollten Sie einen Volkshochschulkurs besuchen, bekommen Sie das Lehrmaterial vorgegeben. Viele Volkshochschulen arbeiten derzeit mit *Caminos* vom Klett-Verlag. Dieses Buch ist auch zum Selbststudium geeignet, da es zahlreiche Erklärungen und vor allem eine Audio-CD enthält.

Dies ist besonders wichtig bei der Auswahl eines Lehrbuchs zum autonomen Lernen: Suchen Sie sich ein Buch, das eine oder mehrere Audio-CDs enthält oder, wenn Sie viel mit dem Auto unterwegs sind, kaufen Sie sich einen Audiokurs, bei dem Ihnen alles auf CD erklärt wird.

Wörterbücher und mehr

Die kleinen Wörterbücher im Taschenformat enthalten meist nur Begriffe aus dem spanischen Spanisch und bieten häufig nicht die für Mexiko passende Übersetzung. Das kleinste Wörterbuch mit einigen mexikanischen bzw. lateinamerikanischen Ausdrücken, die allerdings nicht als solche gekennzeichnet sind, ist das Pons-Wörterbuch Spanisch-Deutsch/Deutsch-Spanisch mit 80.000 Stichwörtern.

Etwas teurer, dafür aber umfangreicher und mit Begriffen des lateinamerikanischen Spanischs: „PONS Diccionario de uso del español de America y España".

Auch in Mexiko können Sie deutsch-spanische Wörterbücher erwerben – viel billiger als in Europa! Die meisten sind allerdings trotzdem in Spanien publiziert, enthalten also auch keine Hinweise auf das mexikanische Spanisch.

Onlinewörterbücher

Das wohl beste und umfangreichste Online-Wörterbuch, das zurzeit außer Spanisch auch die Sprachen Französisch, Englisch, Chinesisch,

Russisch und Italienisch umfasst, ist www.leo.org. Es enthält nicht nur Wörter des Kastellanischen, sondern auch Begriffe und Wendungen aus allen spanischsprachigen Ländern, jeweils mit dem Hinweis, wo es wie verwendet wird. Neben der normalen Wörterbuchfunktion bietet leo.org zu jedem deutschen wie spanischen Wort und zu jedem Beispielsatz (!) die Aussprache sowie Links zu externen Websites, zum Beispiel zu spanischsprachigen Definitionen auf der Website der Academia Real Española. Außerdem gibt es in leo.org ein sehr umfangreiches Forum, in dem Übersetzungs-, Grammatik- und sonstige Probleme sowie kulturelle Themen diskutiert werden. Fehlt einmal ein Wort in dem Wörterbuch, ist es mit Sicherheit in einer Forumsdiskussion zu finden, welche als Suchresultat angezeigt wird. Außerdem bietet leo.org ein Vokabeltraining, das man sich entweder selbst zusammenstellen oder zufällig auswählen lassen kann. Alle Funktionen auf leo.org sind kostenlos, die meisten ohne Anmeldung zugänglich. Lediglich zur Nutzung des Vokabeltrainings und zum Schreiben von Einträgen im Forum muss man sich anmelden – natürlich kostenlos.

Ähnlich, wenn auch nicht ganz so umfangreich, ist das Wörterbuch der Website www.super-spanisch.de. Mexikanische und lateinamerikanische Ausdrücke sind nicht als solche gekennzeichnet. Außerdem bietet super-spanisch.de einen kleinen Online-Sprachkurs – ohne Anmeldung und kostenlos. Gut, um einen kleinen Einblick zu bekommen, aber sicher nicht ausreichend, um Spanisch zu lernen.

Auf der Website der Academia Real Española (www.rae.es) ist ein umfangreiches spanisch-spanisches Wörterbuch zu finden, mit kurzen Definitionen zu Begriffen aus allen spanischsprachigen Ländern. Nichts für Anfänger, da nur auf Spanisch, aber wenn Erklärungen zu speziellen Begriffen gesucht sind, eine große Hilfe!

Weitere:
http://dix.osola.com/index.php
http://es.bab.la/diccionario/espanol-aleman/
http://de.pons.eu/?l=dees

Grammatikübersichten

Der Verlag Pons hat mehrere gute Grammatikübersichten für unterschiedliche Sprachen publiziert. Besonders empfehlenswert ist die PONS Grammatik kurz & bündig Spanisch, die nicht nur kompakt und verständlich die spanische Grammatik erklärt, sondern auch auf Unterschiede zwischen dem spanischen und dem lateinamerikanischen Spanisch hinweist.

Eine kostenlose, sehr kompakte und gut erklärte Kurzgrammatik zum Downloaden und Ausdrucken gibt es im Internet unter: www.sprachurlaub.de/service/sprachurlaub.de_grammatik-spanisch.pdf.

Eine knappe Übersicht über die verschiedenen Wortarten und Zeitformen mit ausführlichen Erklärungen bietet http://grammatik.woxikon.de.

Mit Grammatikübersichten kann man natürlich keine Sprache erlernen. Sie sind zur Vervollständigung von Sprachbüchern oder -kursen gedacht und dienen zum schnellen Nachschlagen bei Unklarheiten oder Nachlesen von grammatikalischen Regeln.

Welche Methode Sie auch immer für sich wählen, es ist auf jeden Fall ratsam, vor der Reise nach Mexiko ein wenig Spanisch sprechen zu können. Vor Ort werden sich Ihre Kenntnisse bei der Anwendung im Alltag schnell verbessern und ausweiten.

1.3 Impfungen

Das Deutsche Auswärtige Amt empfiehlt für eine Reise nach Mexiko eine Impfung gegen Diphtherie, Hepatitis A und Tetanus sowie bei einem längeren Aufenthalt Hepatitis B, Typhus und eventuell Tollwut. Impfungen gegen Tetanus, Diphtherie und Hepatitis B werden in Deutschland, Österreich und der Schweiz bereits für Säuglinge empfohlen. Sollten Sie nicht geimpft worden sein oder die Auffrischungen nicht regelmäßig eingehalten haben, wäre eine erneute Impfung einige Zeit vor Reiseantritt sinnvoll.

Die Kosten für die Impfung gegen **Hepatitis A** werden von den gesetzlichen Krankenkassen normalerweise nicht übernommen. Die Impfung ist dennoch zu empfehlen, da die Krankheit über verunreinigtes Leitungswasser übertragen wird und das Leitungswasser in Mexiko von sehr schlechter Qualität ist. Die Impfung muss nach sechs bis zwölf Monaten aufgefrischt werden, um einen Langzeitschutz herzustellen.

Anders die **Tollwutimpfung**: Der Impfstoff ist ziemlich teuer und es sind drei Impfungen jeweils im Abstand von etwa zwei Wochen nötig, um einen vollständigen Schutz herzustellen. Außerdem muss die Impfung bereits nach ein oder zwei Jahren wieder aufgefrischt werden. Die Impfung gegen Tollwut ist möglicherweise dann sinnvoll, wenn Sie auf dem Land und/oder mit Tieren arbeiten. Da es in Mexiko – vor allem auf dem Land – sehr viele Straßenhunde gibt, besteht hier erhöhtes Risiko. Bei Ausbruch der Krankheit endet diese innerhalb einer Woche immer tödlich. Daher sollte in jedem Fall bei Verdacht auf Kontakt mit Tollwut, zum Beispiel durch einen Hundebiss oder auch einen Kratzer durch ein möglicherweise infiziertes Tier sofort ein Arzt aufgesucht werden. Bei einer rechtzeitigen Behandlung (innerhalb weniger Stunden nach dem Kontakt) kann das Virus zu 100 % abgetötet werden, auch ohne vorbeugende Impfung. Dennoch: Sollten Sie auf dem Land arbeiten, wo gute medizinische Versorgung möglicherweise nicht flächendeckend vorhanden ist, ist die Impfung gegen die tödliche Krankheit Tollwut sicherlich sinnvoll.

Gleiches gilt für die **Typhusimpfung**: Diese ist dann zu empfehlen, wenn Sie auf dem Land und/oder in Gegenden arbeiten und leben, wo besonders schlechte Hygienebedingungen herrschen.

Die Empfehlungen des Auswärtigen Amtes sind nachzulesen unter:
www.auswaertiges-amt.de/diplo/de/Laenderinformationen/Mexiko/Sicherheitshinweise.html#t7

Informationen über die einzelnen Krankheiten und deren Impfungen finden sie unter:
http://debeka.gesundheitsportal-privat.de/Krankheiten/

Sollten Sie einige Impfungen vor Ihrer Anreise nicht mehr schaffen oder sind Sie Ihnen zu teuer, können Sie sich auch in Mexiko impfen lassen.

In Mexiko sind die meisten Impfungen günstiger, allerdings wird hier nicht in den Arm, sondern in den Gesäßmuskel gespritzt.

Informationen zu weiteren in Mexiko verbreiteten Krankheiten – und wie Sie sich gegen diese schützen können – finden Sie im Kapitel 8.4.

1.4 Geldangelegenheiten

In Mexiko können Sie fast überall mit einer Kreditkarte bezahlen. Das kostet Sie nichts. Mittlerweile gibt es in Deutschland, Österreich und der Schweiz Banken, die Kreditkarten anbieten, mit denen das Abheben von Bargeld weltweit an allen Bankautomaten kostenlos ist. Eine davon ist die DKB. Leider ist das Abheben in Mexiko trotz der Versprechungen der Banken seit Frühjahr 2010 nicht mehr kostenlos. Zwar berechnen die Banken in Europa keine Gebühren, allerdings verlangen die mexikanischen Banken ein kleines Entgelt bei Abhebung mit einer Karte, die nicht von ihrer Bank ist. Bankkarten von anderen mexikanischen Bankinstituten müssen die gleichen Gebühren zahlen. Diese Gebühren liegen meist zwischen 15 und 50 pesos (ca. 1 – 3 Euro).

Für das Geldabheben mit einer deutschen, österreichischen oder schweizerischen Girokontokarte in Mexiko berechnen die europäischen Bankinstitute normalerweise mindestens 5 Euro plus die Gebühren der mexikanischen Banken.

Es gibt mehrere internationale Banken, die auch in Mexiko Filialen haben. Das sind zum Beispiel Scotiabank, Santander und HSBC. Die meisten Banken verlangen nicht die üblichen Gebühren bei der Benutzung der Geldautomaten der gleichnamigen Bank im Ausland. Eröffnen Sie in Deutschland, Österreich oder der Schweiz ein Konto bei einer internationalen Bank, können Sie mit der europäischen Girokontokarte an mexikanischen Geldautomaten kostenlos Bargeld beziehen.

1.5 Möbel und Hausrat verschicken

Wenn Sie dauerhaft in Mexiko bleiben, werden Sie vielleicht überlegen, Ihren Hausrat mitzunehmen.

Da ein Umzugstransport nach Mexiko alles andere als günstig sein kann, sollten Sie vorher gut planen, was Sie mitnehmen und Sie sollten sich – etliche Zeit vorher – einen geeigneten Spediteur suchen. Da die Hafenverwaltung Standgebühren für die Aufbewahrung von Containern von bis zu 300 Euro am Tag berechnet, sollten Sie die Verschiffung frühzeitig buchen und zeitlich gut abstimmen.

Preiswerte Spediteure können Sie im Internet finden, indem Sie Ihren Umzug sozusagen zur Versteigerung stellen und Ihnen die verschiedenen Anbieter Angebote stellen: www.umzugsauktion.de. Das billigste Angebot bekommen Sie dann per E-Mail mitgeteilt.

Auch recht preiswert ist die Speditionsfirma Panamericantransport International, s. a. www.umzug2000.de.

Was Sie nicht mitnehmen sollten

Küchenschränke, Spüle und Herd sollten Sie zuhause lassen, da diese in fast allen mexikanischen Küchen bereits vorhanden sind. In Mexiko werden fast ausschließlich Gasherde benutzt, daher werden Sie für Ihren Elektroherd nicht einmal einen Anschluss finden. Auch Badmöbel wie Unterschränke oder Regale sind oft eingebaut. Auch Ihren Kleiderschrank können Sie getrost zuhause lassen.

In Mexiko benutzt man begehbare Wandschränke, die im/in den Schlafzimmer/n und manchmal auch im Wohnzimmer in die Wand eingebaut sind.

Deutsche Elektrogeräte wie zum Beispiel Föne, Epiliergeräte, elektronische Rasierer, Lautsprecher, Mikrowellen und auch Kühlschränke, Waschmaschinen oder Geschirrspüler werden Sie in Mexiko nur mit einem Spannungsumwandler verwenden können.

Die Stromspannung in Mexiko beträgt etwa 110 – 127 Volt. In Europa sind es 230 Volt.

Handy- und Kameraladegeräte sowie Laptops haben einen Spannungsbereich von 100 – 240 Volt, funktionieren also problemlos.

Für den Anschluss an das mexikanische Stromnetz brauchen Sie hier lediglich einen Steckdosenadapter. Diese gibt es sowohl in Europa als auch in Mexiko schon für ein paar Euro zu kaufen.

Ihr Fön wird jedoch mit einer derart niedrigen Spannung kaum Wind machen und Ihr Rasierer wird sich im Schneckentempo bewegen. Ein Spannungsumwandler ist in Deutschland, Österreich und der Schweiz recht teuer, in Mexiko kann man einige schon ab 700 pesos (~ 40 Euro) erwerben.

Nehmen Sie sich eine deutsche Verteilersteckdose mit! Diese können Sie an den Spannungsumwandler anschließen und somit mehrere Geräte gleichzeitig mit deutscher Netzspannung speisen.

1.6 Erste Unterkunft

In Mexiko eine Wohnung zu finden und vor allem zu mieten, ist nicht ganz leicht. Meistens brauchen Sie für das Mieten einen *aval*, einen Mexikaner mit Grundbesitz in Mexiko bzw. in der jeweiligen Region, der für sie bürgt (mehr dazu in Kapitel 4.1.1). Daher und auch aufgrund sonstiger in Mexiko üblicher Verzögerungen kann es unter Umständen einige Zeit dauern, bis Sie in Ihre endgültige Wohnung einziehen können. Deshalb kann es sinnvoll sein, dass Sie sich von Ihrer Heimat aus um eine vorübergehende Wohnmöglichkeit kümmern. Dies kann ein Hotel sein, mit dem Sie einen Spezialpreis ausmachen, Freunde oder Verwandte, die

Sie in Mexiko haben, oder Sie suchen sich vorübergehend eine möblierte Wohnung bzw. ein möbliertes Zimmer.

Hierzu ist die Internetseite www.compartodepa.com.mx zu empfehlen. Sie stellen Ihre Anfrage ein und können Angebote einsehen. Bevor Sie Kontakt mit den Anbietern aufnehmen können, müssen Sie ein kleines Entgelt zahlen. Die Angebote sind jedoch, insbesondere in Großstädten, derart zahlreich, dass sich der kleine Obolus lohnt.

Dauerhafte Unterkunft

Sie können auch von Ihrem Wohnsitz in Europa aus per Telefon oder Internet Besichtigungstermine für Wohnungen ausmachen. Das ist allerdings nur dann zu empfehlen, wenn Sie eine Vorstellung von der Wohngegend haben oder jemanden kennen, der Ihnen Empfehlungen zu Wohngegenden in der jeweiligen Stadt geben kann. Außerdem sollten Sie derartige Termine höchstens zwei Wochen vor der Besichtigung festlegen, weil die Wohnung nach mehreren Wochen möglicherweise schon vergeben ist oder die Abmachung vom Vermieter schlichtweg vergessen wird. Sollten Sie dennoch langfristige Besichtigungstermine ausmachen, lassen Sie sich ein bis zwei Tage vorher den Termin bestätigen.

Von Europa aus können Sie sich bereits online nach Wohnungen und Häusern in Mexiko umsehen, zum Beispiel unter:
www.metroscubicos.com/
http://avisooportuno.mx
www.checalo.com.mx
www.vivastreet.com.mx

Sehr hilfreich sowohl bei der Suche nach einer dauerhaften Unterkunft als auch bei der Suche nach einer vorübergehenden Wohnmöglichkeit ist das deutsch-mexikanische Forum: www.mexico-mexiko.com/index.php. (Mietangebote finden Sie unter „Kontakte" – „Mietgesuche und -angebote".)

1.7 Der Flug

Ein direkter Flug nach Mexiko aus Deutschland dauert etwa 11 bis 12 Stunden. Allerdings gibt es nur wenige direkte Verbindungen von Deutschland nach Mexiko, zum Beispiel von Frankfurt am Main nach Cancún oder Mexiko-Stadt (Lufthansa) oder von Berlin nach Cancún (Condor). Direkte Flüge nach Mexiko aus der Schweiz oder aus Österreich gibt es nicht. Meistens muss man auf dem Flug nach Mexiko ein bis zwei Mal umsteigen und kommt somit durch die Warte- und Umsteigezeiten auf eine Reisezeit von etwa 15 bis 20 Stunden. Umsteigen in Europa oder Mexiko ist relativ unkompliziert, auch wenn die Fußwege vom Ankunfts- zum Abfluggate manchmal sehr lang sind.

Das Umsteigen in den USA ist für Europäer meist auch kein Problem. Als Europäer braucht man kein Visum, um in die USA einzureisen oder dort umzusteigen. Man muss lediglich einen Visumsantrag ausfüllen, den man im Flieger ausgehändigt bekommt.

Seit Januar 2010 muss man außerdem bei einem Zwischenstopp in den USA oder bei der Einreise in die USA vorher online eine Einreisegenehmigung beantragen. Anfangs war dieser Antrag kostenlos, mittlerweile wird eine Gebühr von derzeit 14 US$ für die Erstellung der Genehmigung berechnet. Die Genehmigung ist zwei Jahre gültig. Reisen Sie innerhalb dieser Zeit erneut in die USA, brauchen Sie den Antrag also nicht erneut stellen. Das Formular finden Sie unter: https://esta.cbp.dhs.gov.

Der Antrag muss mindestens 72 Stunden vor Abreise gestellt werden. Ohne die Einreisegenehmigung wird Ihnen der Zwischenstopp oder die Einreise in die USA verwehrt!

Beim Einchecken in den USA werden der Visumsantrag, der im Flugzeug ausgefüllt wurde, geprüft, ein Foto gemacht sowie Fingerabdrücke genommen. Bei einem Zwischenstopp in den USA muss manchmal das aufgegebene Gepäck abgeholt und erneut abgegeben werden. Klingt umständlich, ist es aber meistens nicht: Der Weg vom Fließband, wo das Gepäck meist schon wartet, bis zur erneuten Abgabe beträgt normalerweise nur ein paar Meter.

Bei einem Zwischenstopp in Europa oder Mexiko wird das Gepäck meist automatisch weitergeleitet. Fragen Sie bei Ihrem Abflug nach, ob und wo Sie das Gepäck abholen müssen.

Gepäckbestimmungen

Bei den meisten Fluggesellschaften können Sie in der Economyclass **ein** Gepäckstück à **20** oder **23 kg** aufgeben. Ein weiteres Gepäckstück können Sie bei einigen Fluggesellschaften gegen einen Aufpreis von um die 50 US$ abgeben.

In der Businessclass kann man meist zwei oder drei Gepäckstücke – manchmal auch mit mehr Gewicht – mitnehmen.

Einige Fluggesellschaften bieten außerdem Clubmitgliedern die Möglichkeit, ein zweites oder drittes Gepäckstück kostenlos oder preiswerter aufzugeben.

Sondergepäck wie Musikinstrumente oder sperrige Sportgeräte müssen vorher bei der Airline angemeldet werden.

Achten Sie darauf, dass Ihr Gepäck das maximal zulässige Gewicht nicht überschreitet! Bei den meisten Airlines muss schon bei wenigen Kilogramm Übergewicht eine Gebühr von 50 bis 100 Euro bezahlt werden.

Sollten Sie von vornherein wissen, dass Sie Übergepäck haben werden, sollten Sie dies telefonisch oder online anmelden. Bei einigen Airlines gibt es dann Rabatte auf die Gebühr.

Produkte, deren Einfuhr verboten ist, sowie Zollbestimmungen

Verboten ist das Mitführen von Milchprodukten, Saat, Pflanzen, Früchten und Fleischprodukten – nicht nur im Handgepäck, sondern auch im aufgegebenen Gepäck bei Flügen mit Zwischenstopp in den USA und in Europa. Bei einer Zwischenlandung in den USA müssen Sie ein Formular ausfüllen, bei dem Sie angeben sollen, ob Sie derartige Produkte mit sich führen.

Sollten Sie in den USA zwischenlanden, achten Sie darauf, dass Sie kein Feuerzeug bei sich haben – weder am Körper noch im Handgepäck noch im aufgegebenen Gepäck. Das Mitführen von Feuerzeugen ist in Flügen in den oder in die USA generell verboten.

In Mexiko dürfen Sie keine Feuerwaffen ohne eine entsprechende Erlaubnis einführen.

Verzollen müssen Sie neuwertige Gegenstände, die nicht als normale Geräte für den Eigengebrauch anzusehen sind, mit einem Wert von über 300 $. Einen Laptop, neuwertig oder gebraucht, müssen Sie nicht verzollen. Einen zweiten Laptop müssten Sie theoretisch beim Zoll angeben. Für solche Geräte müssen Sie 16 % der überschüssigen Summe (also abzüglich der 300 $) beim Zoll versteuern.

Welche und wie viele Geräte und Wertsachen Sie nach Mexiko einführen dürfen, ist klar geregelt. So dürfen Sie zum Beispiel zwei Fotokameras, 12 Filmrollen, drei Handys, einen Videorekorder, ein Notebook, einen Laptop, einen Drucker, einen elektronischen Kalender, ein tragbares Radio, 10 DVDs und 30 CDs, fünf Videospiele, ein Teleskop, zwei Musikinstrumente und ein Campingzelt in Ihrem Gepäck mitführen. Reisende über 18 Jahren können außerdem 20 Packungen Zigaretten, 25 Zigarren oder 200 Gramm Tabak, bis zu drei Litern hochprozentigen Alkohol oder bis zu sechs Litern Wein mit sich bzw. im aufgegebenen Gepäck führen. Weitere Regelungen sind auf der Homepage des SAT (*Servicio de Administración Tributaria*) nachzulesen:
www.aduanas.gob.mx/aduana_mexico/2008/pasajeros/139_10210.html

Gepäckhinweise für Reisen mit Zwischenstopp in den USA

Der tsa *(travel security administration)* in den USA ist es gesetzlich erlaubt, aus Sicherheitsgründen Gepäck zu durchsuchen. Sie werden von einem Zettel in Ihrem Koffer im Nachhinein von einer derartigen Inspektion informiert. Verschließen Sie daher Ihr aufgegebenes Gepäck nicht mit einem

Schloss und transportieren Sie keine Wertsachen in den aufgegebenen Koffern! Die tsa übernimmt keine Haftung für Schäden oder Verlust.

Hinweise für Reisen innerhalb Mexikos oder Ausreisen aus Mexiko

Bei Ausreisen aus Mexiko bzw. Reisen innerhalb Mexikos wird immer das aufzugebende Gepäck durchsucht – allerdings vor Ihren Augen. Unter anderem wird hier überprüft, ob Sie nur die maximal erlaubte Menge an Alkohol ausführen. Es können bis zu drei Liter **alkoholische Getränke** mit einem Alkoholgehalt zwischen 24 % und 70 % (wie Tequila) mitgenommen werden. Flüssigkeiten mit einem Alkoholgehalt von über 70 % sind generell verboten.

Reisen Sie innerhalb von Mexiko, können Sie problemlos Ihre Wasserflasche und Essen im Handgepäck mitführen. Feuerzeuge und scharfkantige Gegenstände sollten Sie jedoch im aufgegebenen Gepäck verstauen.

Reisen mit Haustieren

Haustiere mit einem Gewicht von bis zu 6 oder 8 kg können bei den meisten Fluggesellschaften kostenlos im Handgepäck mitgenommen werden. Erkundigen Sie sich bei Ihrer Fluggesellschaft und lassen Sie sich eine schriftliche Genehmigung von der Airline geben. Wenn Ihr Haustier jünger als drei Monate ist, brauchen Sie für die Einreise nur ein Gesundheitszeugnis, das Ihnen ein zeichnungsberechtigter Tierarzt ausstellen kann. Ist das Tier älter als drei Monate, benötigen Sie zusätzlich zu dem Gesundheitszeugnis einen gültigen Impfausweis des Tieres mit dem Nachweis über die Impfungen gegen Tollwut, Staupe und Leptospirosis. Alle Impfungen müssen mindestens 15 Tage zurückliegen, jedoch nicht länger als ein Jahr. Am Flughafen müssen Sie am Tag Ihrer Abreise oder wenige Tage zuvor die Untersuchungsbehörde des veterinärmedizinischen Dienstes aufsuchen und die Dokumente des Tieres vorlegen. Das Tier wird einer kurzen Untersuchung unterzogen und bekommt, wenn es gesund ist, eine Gesundheitsbescheinigung, die ab Ausstellungstag 8 Tage gültig ist.

Zusätzliche Informationen zur Einfuhr von Tieren nach Mexiko können in deutscher Sprache auf der Homepage des Generalkonsulats von Mexiko

unter dem Menüpunkt „Einfuhrbestimmungen" (*Secretaría de Relaciones Exteriores*) nachgelesen werden:
http://portal.sre.gob.mx/frank_aleman/index.php?option=displaypage&Itemid=71&op=page&SubMenu=

Allgemeine Informationen zum Thema Reisen mit Heimtieren finden Sie auf der Internetseite des Bundesministeriums für Ernährung, Landwirtschaft und Verbraucherschutz unter dem Suchbegriff „Heimtier": www.bmelv.de.

1.8 Was nehme ich mit nach Mexiko?

Überlegen Sie, wenn Sie Ihre Koffer packen, was Sie in Ihrer Heimat gern haben, das es in Mexiko nicht gibt. Das können gewisse **Nahrungsmittel** sein wie zum Beispiel Rotkohl, Marmelade, Vollkornmehl, um Brot zu backen, oder gewisse Süßigkeiten wie Marzipan, Gummibärchen oder Milkaschokolade. (Tipps, wo Sie in den Großstädten deutsche Lebensmittel kaufen können, erfahren Sie in Kapitel 3.1.4.)

Eine kleine **Reiseapotheke** sollten Sie unter Umständen auch mitnehmen. Besonders zu empfehlen für die Reiseapotheke sind Kohletabletten gegen Durchfall – die gibt es nämlich in Mexiko nicht – und möglicherweise auch Kreislauftabletten für eventuelle Gleichgewichtsstörungen nach der Ankunft, hervorgerufen durch den langen Flug oder die Zeitumstellung.

Frauen würde ich empfehlen, Tampons und andere **Hygieneprodukte** für die Frau mitzunehmen. Die Tampons in Mexiko sind sehr viel größer als die deutschen und werden mit einem Adapter eingeführt; auch die Binden sind sehr viel größer als in Deutschland, Österreich und der Schweiz.

Die Benutzung von Duschgel und flüssigem Gesichtsreinigungsmittel ist in Mexiko eher unüblich. Stattdessen wird Kernseife benutzt. Dennoch gibt es einige wenige derartige Produkte zu kaufen, allerdings etwas teurer.

Sollten Sie über die USA fliegen, vergessen Sie auf gar keinen Fall, vorher online den **ESTA-Antrag** auszufüllen!

Achten Sie darauf, dass Ihr **Reisepass** noch mindestens drei Monate gültig ist! Für die Einreise bzw. das Zwischenlanden in den USA brauchen Sie einen biometrischen Reisepass, außer Ihr Pass wurde vor dem 26.10.2006 ausgestellt – dann ist Ihr Pass auch ohne biometrische Daten noch gültig. (Weitere Informationen hierzu finden Sie unter www.neuer-reisepass.de.)

Außerdem sollten Sie zur Sicherheit Ihren **Impfpass** sowie sämtliche Unterlagen für **Auslandskranken-** und sonstige **Versicherungen** mitnehmen.

Nicht sinnvoll mitzunehmen sind, wie oben schon gesagt, elektronische Geräte, die die deutsche Voltzahl benötigen, wie zum Beispiel Rasierer, Epiliergeräte oder Föhne.

Bettwäsche brauchen Sie nur dann mitzunehmen, wenn Sie auch Ihr Bettzeug dazu mitnehmen, denn Kopfkissen haben in Mexiko meist ein anderes Format als in Deutschland, in der Schweiz oder in Österreich und Bettdecken bezieht man oft nicht, sondern wäscht sie komplett.

Hier folgt eine knappe Liste mit wichtigen Unterlagen und Utensilien, die Sie auf keinen Fall bei Ihrer Reise vergessen sollten:

1.8 Was nehme ich mit nach Mexiko?

Reise-Checkliste

	Hab ich	Kommentare
Reisepass		
ESTA-Antrag		
Erste Kontaktadresse in Mexiko		
Führerschein		
Impfausweis		
Kreditkarte oder Ähnliches		
Notfallrufnummer, um Kreditkarte zu sperren.		
Gastgeschenke		
Medikamente (z. B. gegen Durchfall)		
Aufladegeräte für elektronische Geräte		
Kamera		
Hygieneartikel für die Frau (z. B. Tampons)		
Wörterbuch		
Verteilersteckdose		
Und dieses Buch natürlich …		

2. Kapitel:

DIE ANKUNFT

Wenn Sie nach dem zwanzigstündigen Flug endlich in Mexiko ankommen, sind Sie vermutlich müde und geschafft. Möglicherweise hat Sie die Aufregung und Vorfreude auf das, was kommt, nicht einmal schlafen lassen. Hinzu kommt der Jetlag: Es ist noch mitten am Tag, doch Ihr Körper signalisiert Ihnen, dass es tiefe Nacht ist.

Umso wichtiger ist es, nach dem Landen schnell und sicher in die erste Unterkunft zu gelangen und sich auszuruhen.

Die meisten Flughäfen in Mexiko (außer der in Mexiko-Stadt) sind nicht sehr groß, sodass Sie von Ihrem Flieger zum Gepäck nur eine kurze Laufstrecke erwartet. Auch in Mexiko muss man meist nicht lange am Gepäckband auf die Koffer warten.

Bevor Sie mit Ihrem Koffer die Ankunftshalle verlassen können, werden Sie vor dem Ausgang freundlich aufgefordert, einen roten Knopf zu drücken. Angeblich wird so per Zufall entschieden, ob Ihr Gepäck inspiziert wird oder nicht. Erscheint grünes Licht, können Sie die Halle verlassen; leuchtet die Lampe rot, werden Sie beiseite geführt und Ihr Gepäck durchsucht. Die Beamten suchen vor allem zu verzollende Gegenstände, die Sie bei Ihrer Einreise hätten angeben müssen, wie zum Beispiel elektronische, neuwertige Geräte von einem Wert von über 300 Euro.

2.1 Vom Flughafen ins neue Heim

Wenn Sie nicht von Freunden am Flughafen abgeholt werden, werden Sie sich sicherlich zunächst ein Taxi suchen. Zum Schutz vor Piratentaxis und überhöhten Fahrtpreisen werden in den meisten Flughäfen und in vielen großen Busstationen Tickets für die vor dem Gebäude wartenden Taxis verkauft. Hier gelten die gleichen Preise für alle. Diese sind zwar meist etwas höher als die Preise, die man direkt im Taxi zahlt, dafür wird

Sicherheit und ein Festpreis garantiert. Das Ticket überreichen Sie einem der wartenden Taxifahrer und sagen ihm Ihre Zieladresse.

Notieren Sie sich nicht nur die Adresse Ihres Hotels oder Ihrer Unterkunft, sondern auch den Stadtteil (*Colonia*) und die nächstgelegenen großen Straßen oder andere Angaben zur Orientierung wie „nahe Plaza de la Libertad" oder Ähnliches. Das dient zum einen dazu, die Berechnung des Preises zu erleichtern, und zum anderen kennen die Taxifahrer vor allem in den größeren Städten längst nicht alle Straßen. Besonders in Mexiko-Stadt sollten Sie mehr Informationen zu Ihrem Ziel haben als nur die Straße. Fahrer lehnen Fahrgäste unter Umständen ab, wenn weder sie noch der Fahrgast den Zielort kennen.

Näheres zum Thema „Taxifahren in Mexiko" finden Sie in Kapitel 3.4.2.

2.2 Jetlag: Wie man ihn lindert oder gar vermeidet

Die Zeitverschiebung von Mitteleuropa nach Mexiko beträgt sechs bis acht Stunden. Das heißt, wenn Sie in Ihrer (alten) Heimat normalerweise von der Arbeit kommen, fängt Ihr Tag in Mexiko gerade erst an. Auch in Mexiko gibt es Sommer- und Winterzeit, sodass die sieben Stunden Zeitverschiebung immer erhalten bleiben.

Die Zeitumstellung zur Sommerzeit ist bei uns am letzten Sonntag im März, zur Winterzeit am letzten Sonntag im Oktober. In Mexiko findet die Zeitumstellung zur Sommerzeit am *zweiten* Sonntag im März statt, die zur Winterzeit am *ersten* Sonntag im *November*. Durch diese Unregelmäßigkeit gibt es pro Jahr zwei bis vier Wochen, wo die Zeitverschiebung eine Stunde mehr, also acht Stunden beträgt.

Innerhalb Mexikos gibt es drei verschiedene Zeitzonen. Sieben Stunden Zeitverschiebung sind es in der größten Zeitzone im Südwesten und im Zentrum von Mexiko. Auf der Halbinsel Yucatán beträgt die

Zeitverschiebung eine Stunde weniger, in Baja California und an der Westküste bis Puerto Vallarta eine Stunde mehr.

Was ist ein Jetlag?

In Mexiko gibt es keine Übersetzung für „Jetlag". Will man also sagen, dass man einen Jetlag hat, kann man dies als Probleme mit der Zeitverschiebung umschreiben: *problemas con el cambio de horario.*

Die Probleme mit der Zeitumstellung können sich in unterschiedlichen Symptomen äußern: Schwindel, Übelkeit, Müdigkeit, Probleme mit der Konzentration – vor allem zu den Uhrzeiten, wo man in der Heimat normalerweise schlafen würde – und Gleichgewichtsprobleme. Manche Reisenden empfinden bei der Ankunft in Mexiko ein ganzkörperliches Gefühl von „etwas stimmt nicht", das man in etwa so beschreiben könnte: Der Körper „spürt", dass der Tagesrhythmus und vor allem das Tageslicht nicht mit der inneren Uhr übereinstimmt und kommt sozusagen aus dem Gleichgewicht. Das kann wiederum die oben genannten Symptome zur Folge haben oder schlichtweg eine leichte, ganzkörperliche Irritation auslösen.

Der Jetlag kann individuell verschieden und auch je nach Gewöhnung unterschiedlich lange andauern.

Es gibt Menschen, die bis zu einer Woche brauchen, um sich an den neuen Rhythmus zu gewöhnen, und es gibt Reisende, die überhaupt keine Probleme mit der Zeitumstellung haben.

Wie man den Jetlag verhindern oder lindern kann

Es gibt eine relativ einfache Methode, den Jetlag zu verhindern bzw. seine Symptome zu lindern: Leben Sie sofort nach Ihrer Ankunft nach dem neuen Tagesrhythmus! Das heißt:

1. Gehen Sie nicht (viel) früher schlafen als sonst, auch wenn Sie müde sind!
2. Legen Sie sich auf gar keinen Fall nachmittags hin, auch wenn Sie das in Ihrer (alten) Heimat auch getan haben! (Diese Gewohnheit

2. Die Ankunft

    können Sie wieder annehmen, sobald Sie sich an den neuen Rhythmus gewöhnt haben.)
3. Versuchen Sie zu den in Mexiko üblichen Essenszeiten zu essen, sodass sich auch Ihre Verdauung an den neuen Tagesrhythmus gewöhnt!

Wenn Sie Ihrem Körper erlauben, den deutschen Rhythmus weiterzuleben, indem Sie zu deutschen Zeiten schlafen oder essen, werden Sie sehr viel länger brauchen, sich an den neuen Tagesablauf zu gewöhnen.

Die gleichen Regeln sind auch ratsam bei einer Reise ins Heimatland. Erfahrungsgemäß ist hier der Jetlag stärker als bei der Ankunft in Mexiko.

3. Kapitel:

DER ALLTAG IN MEXIKO

3.1 Das mexikanische Essen

„Das mexikanische Essen ist wie die Liebe: Man genießt es, aber man leidet."
(aus einer mexikanischen Werbung für Antigastritismittel)

In Mexiko wird scharf gegessen. Zu fast allen Gerichten gibt es feurige *Salsas* aus unterschiedlichen Chilisorten.

Die Gerichte, Lebensmittel und Essgewohnheiten in Mexiko unterscheiden sich stark von denen in Deutschland, Österreich und der Schweiz. Sowohl die Rezepte, Essenszeiten, verfügbaren Zutaten und Nahrungsmittel als auch die Hygienebedingungen sind anders.

3.1.1 Essen und Trinken

Das Hauptnahrungsmittel in Mexiko ist Mais. In Mexiko gibt es neben der in Europa bekannten, leicht süßen, gelben Maissorte eine zweite, weniger süße und weißlich gelbe Maissorte. *Elote* (Maiskörner) werden zum Beispiel in Plastikbechern an kleinen Ständen auf der Straße verkauft, je nach Wahl mit *Crema* (ein Zwischending zwischen süßer und saurer Sahne), Mayonnaise, Käse, Salz und/oder Chili und Zitrone.

Außerdem werden Tortillas, für die Mexiko weltweit bekannt ist, aus Mais hergestellt. Es gibt Maistortillas (*tortilla de maís*) und Weizentortillas (*tortilla de harina*). Weizentortillas sind oft größer als Maistortillas und werden oft mit Käse, wie zum Beispiel *quesadillas*, gebraten.

Mexikaner essen jedoch mehr Maistortillas als Weizentortillas. In Restaurants werden sie als Beilage zu mexikanischen Gerichten serviert. Auch Tacos, die man in Mexiko in jeder Stadt an jeder zweiten Straßenecke zu kaufen kriegt, werden mit Maistortillas gemacht. Tacos sind immer mit Fleisch gefüllt, unter anderem mit *barbacoa* (mit zahlreichen Gewürzen eingelegtes Fleisch, ursprünglich Lamm- oder Ziegenfleisch, heutzutage oft aus Rind), *bistec* (Schweinesteak), *asada* (gebratenes Rindfleisch), *lengua* (Zunge, sehr zartes Fleisch), *cabeza* (Kopf, oder besser: Gehirn) oder *pata* (Haxe, meist vom Rind). Außerdem gibt es an vielen größeren Tacoständen oft Tacovariationen mit Weizentortilla und Käse wie zum Beispiel *Quesadillas* oder *Gringas*, die mit Fleisch serviert werden.

Einige typisch mexikanische Gerichte und Getränke

Tamales	Maismasse gefüllt mit Fleisch, Käse oder süßer Masse, eingewickelt in Maisblätter.
Tamales Oaxaqueños	Auch aus Maismasse, aber in Bananenblätter gehüllt und meist (u. a.) mit *mole* (herzhafte Salsa mit Schokolade) und Chili gefüllt.
Pozole	Suppe mit aufgequollenen Maiskörnern, gibt es in verschiedenen Variationen mit unterschiedlichen Gemüse- und Fleischsorten (z. B. Huhn oder Rind).
Birria	Aus Jalisco; ursprünglich Ziegenfleisch, heute oft auch anderes Fleisch mit einer scharfen Soße aus Chili, Tomate, Zwiebeln und Gewürzen wie z. B. Knoblauch und Oregano.
Enchiladas	Maistortilla gefüllt mit Käse (*queso blanco*) und/oder Fleisch, mit Chilisoße übergossen.
Enchiladas Suizas	*Enchiladas* mit grüner Chilisoße, mit Käse überbacken.
Sopes	Frittierte Maistortilla mit Fleisch, frischem Käse, Gemüse und *salsa*.
Mole	Eine der bekanntesten *salsas* Mexikos; es gibt sie in unterschiedlichsten Varianten und Farben, bedingt durch verschiedene Gemüse- und Nusssorten; alle enthalten Chili und die meisten Schokolade und sind daher süßlich-herb; wird meist zusammen mit Fleisch gegessen.
Menudo	Suppe mit Rindermagen und Chili; kann aufgequollene Maiskörnern enthalten und mit Zwiebeln und Knoblauch gewürzt sein.
Cochinita Pivil	Typisches Gericht in Yucatán; eine Art Spanferkel, das in Bananenblätter eingewickelt und darin gegart wird.
Barbacoa	Ursprünglich Lamm- oder Ziegenfleisch, heutzutage auch aus Rind eingelegt in zahlreiche Gewürze, in Bananenblätter eingewickelt gegart.
Romeritos	Romerito ist eine Pflanze, die in Mexiko für einige weihnachtliche Gerichte verwendet wird und Hauptbestandteil der *Romeritos* ist; wird mit getrockneten Shrimps, Kartoffeln, Kaktusblättern (nopales) und *mole* zubereitet; schmeckt süßlich-herb.

Torta ahogada	Aus Guadalajara; relativ hartes Brötchen mit Fleisch oder Panela-Käse in Tomatensoße „ertränkt" (*ahogada*). Wird nach Wunsch selbst mit Chili- und Tomatensoße und/oder Kohl zubereitet.
Getränke	
Ponche	Heißes, meist alkoholhaltiges Getränk, ähnlich wie deutscher Punsch, wird vor allem zur Weihnachtszeit getrunken. Enthält Nüsse, verschiedene Früchte (häufig Guayaba, Tamarindo, Rosinen, Tejocote und/oder Pfirsich), Zuckerrohr und Alkohol (Wein, Brandy, Rum oder Ähnliches).
Tepache	Frucht (meist Ananasschale) mit Wasser wird mit einem Zuckerhut gesüßt zwei bis drei Tage an einem warmen Ort vergoren; das süße, sehr nahrhafte Getränk enthält normalerweise kaum Alkohol.
Colonche	Typisch in Zacatecas und San Luis Potosi; mit Zucker vergorene rote Kaktusfeige; enthält Alkohol.
Pulque	Traditionelles Getränk, wurde bereits vor der spanischen Besetzung von den Ureinwohnern getrunken; hergestellt aus vergorenem Fruchtfleisch der Agave; enthält Alkohol; kann auch mit anderen Früchten, z. B. Erdbeeren, gemischt werden (*pulque curado*).
Agua Miel	Ebenfalls in seiner Tradition sehr alt; verdankt seinen Namen nicht nur seiner Honigfarbe, sondern auch der Süße des Getränks; hergestellt aus verkochtem Agavensaft; enthält keinen Alkohol; kann jedoch zu *pulque* vergoren werden.
Te Juino	Vergorener Maissaft wird über Zitroneneis gegossen; kann mit Alkohol versetzt werden.
Atole	Wurde schon vor der spanischen Eroberung getrunken; wird aus Maismehl hergestellt, das gesüßt mit Honig oder Zucker gekocht wird; zähflüssiges Getränk, das heiß getrunken wird.

(Eine ausführlichere Sammlung von mexikanischen Gerichten und Getränken in englischer Sprache finden Sie unter: www.mexicanmercados.com/food/food.htm.)

Früchte

In Mexiko gibt es einige Früchte, die nicht ihren Weg nach Mitteleuropa gefunden haben. Früchte werden hier vor allem zum Zubereiten von *Agua Fresca* (frisches Wasser), *Agua de Sabor* (Wasser mit Geschmack) und zur Herstellung von naturellem Eis oder Joghurt verwendet. Der

Begriff *Agua Fresca* oder *Agua* wird nicht nur für reines Wasser verwendet, sondern auch als Bezeichnung für Wasser, das mit Früchten und Zucker versetzt wurde. Es handelt sich hierbei also praktisch um eine Art Saft. Das Wasser bzw. der Saft mit 100 % natürlichen Zutaten wird meist in großen, durchsichtigen Plastikbehältern aufbewahrt und auf der Straße verkauft. Es gibt auch einige kleine Geschäfte, die sich dem Verkauf von „Fruchtwasser" verschrieben haben. Eine im ganzen Land vertretene Kette ist „La Michoacana", die neben Wasser auch Kugeleis und Eis am Stiel – aus natürlichen Zutaten – verkauft.

Ein typisches, sehr verbreitetes mexikanisches Getränk ist *Agua de Arroz*, ein weißliches, süßes Getränk aus Wasser und Reis, häufig gemischt mit Erdbeeren.

Obst und Gemüse in Mexiko, das in Mitteleuropa nicht oder kaum zu finden ist

Guanabana	Grüne, mit weichen Stacheln besetzte Frucht; das weiche Fleisch ist weiß und hat braune Kerne; wird in Mexiko vor allem zur Herstellung von Fruchtwasser und Eis verwendet; schmeckt süßlich, hat in Verbindung mit Wasser eine etwas schleimige Konsistenz.
Guayaba	Sehen aus wie kleine, gelbe Äpfel; haben im Innern viele kleine Kerne; können roh gegessen oder zur Herstellung von Fruchtwasser, Eis oder Joghurt verwendet werden.
Flor de Jamaica	Dunkelrote Blüte, schmeckt sehr fruchtig, sehr verbreitet für die Herstellung von *agua de jamaica*.
Tejocote	Kleine, apfelförmige Frucht, schmeckt süß, etwas mehlig, wird oft für die oben genannten *Ponches* verwendet.
Tamarindo	Bohnenförmige, braune, hartschalige Frucht mit großen Samen, eingebettet in braunes Fruchtmark; sehr beliebt zur Herstellung von Süßigkeiten, meist mit Chili und Salz gewürzt.
Mamey	Lachsfarbene Frucht mit harter, brauner Schale, schmeckt süß und wird vor allem zur Herstellung von Eis und Milchshakes verwendet.
Camote (del cerro)	Süßkartoffel; längliche, kartoffel-ähnliche, rote Wurzel; wird ähnlich wie die Kartoffel zubereitet; wird in Mexiko sowohl in herzhaften Gerichten als auch zur Herstellung von Süßigkeiten verwendet.
Jícama	Sehr hartes Gemüse, ähnelt Kohlrabi; ungekocht, in Stücke geschnitten meist als *Botana* (Snack) mit Salz, Chili und Zitrone gegessen; auch in Salaten verwendet.

Chayote	Kartoffelähnliches Gemüse, weicher und etwas süßer als die Kartoffel; wird in Mexiko u.a. auf der Straße gekocht und verkauft und mit anderem Gemüse und/oder *Crema* und Käse zubereitet.
Nopal	Kaktusblätter; in vielen Gerichten und auch für Tacos roh oder gekocht verwendet.

Eis

Eis wird in Mexiko eher selten mit *helado* beschrieben. Weiter verbreitet ist die Bezeichnung *nieve*, was streng übersetzt „Schnee" bedeutet.

In Mexiko ist das bei uns in Europa viel gegessene Kugeleis nicht so weit verbreitet und meist sehr teuer. So gibt es zum Beispiel in einigen Städten Mexikos Filialen von Häagen-Dazs und auch andere kleinere Ketten wie zum Beispiel Dolphy haben sich durchgesetzt.

Die Mexikaner essen jedoch eher andere Eisvarianten wie zum Beispiel das *Raspado*. Von einem riesigen Eisblock (pures Wasser) wird Eis abgeraspelt (*raspar* – dt.: abschaben), in einen Becher gefüllt und mit Sirup aus natürlichen Zutaten in der gewünschten Geschmacksrichtung (meist zwei verschiedene) übergossen. Es gibt Sirups hergestellt auf Wasser- und auf Milchbasis. Gekrönt wird die eisige Leckerei mit zähflüssiger Vanillesoße (*lechera*).

Eine weitere in Mexiko weit verbreitete Eisspezialität ist *Nieve de garrafa* (Eis aus der Karaffe). Das Eis wird auf Wasserbasis hergestellt und per Hand verrührt. Aufbewahrt und verkauft wird es aus großen Stahlbehältern mit Deckel, die in mit Eiswürfeln gefüllten Holzfässern gekühlt werden. Es gibt viele verschiedene Eissorten. Da die meisten Eisverkäufer Privatpersonen sind und ihr Eis nach ihren eigenen Rezepten herstellen, können die gleichen Sorten an unterschiedlichen Stellen verschieden schmecken. Unter anderem gibt es die Geschmacksrichtungen *mamey* (Mamey), *pétalo de rosas* (Rosenblätter), *nuéz* (Nuss) und *tequila*.

Süßigkeiten

Viele Süßigkeiten in Mexiko enthalten Chili, Salz und/oder Zitrone. So gibt es zum Beispiel Lutscher mit einer Chilimischung im Inneren, Mango am Stiel in einem Chili-Zitronenmantel, Tamarindobällchen oder -spaghetti mit Chilipulver oder süße Kaubonbons mit Chilifüllung.

In Mexiko wird nicht so viel Schokolade gegessen und die wenigen mexikanischen Schokoladen schmecken im Vergleich zur deutschen eher fad. Die meist verkauften Schokoladenmarken in Mexiko sind Kinderschokolade (deutsch) und Hersheys (US-amerikanisch).

Aber es gibt einige sehr leckere – und sehr süße – Leckereien aus Milch. *Dulce de leche* (wörtlich: das Süße der Milch) oder *cajeta* ist karamellisierte Milch und schmeckt ähnlich wie das in Zentraleuropa bekannte Karamell, ist aber meist etwas flüssiger. Es kann pur gegessen oder als Zutat für Kuchen, Crêpes, Kekse und andere süße Sachen verwendet werden.

Vor allem auf Märkten werden Sie eine Vielfalt an Süßigkeiten aus Milch zu Gesicht bekommen: Pralinen aus *cajeta* mit Nuss, in Zucker gewälzte weiche Leckereien mit *dulce de leche* oder mit Alkohol gefüllt oder Oblaten mit *cajeta*.

Eine sehr gesunde, in Mexiko verbreitete Süßigkeit sind die *alegrias* (wörtlich: Freuden). Das sind plätzchenähnliche, harte Gemische aus verschiedenen Nuss- und/oder Getreidearten mit Honig. *Alegrias de amaranto* (wörtlich: Amarantfreuden) sind, wie der Name schon sagt, aus Amarant und sind aufgrund des hohen Eisenwertes des glutenfreien Amarants besonders gesund. Sie werden in kleinen und großen Läden sowie auf der Straße und oft auch in öffentlichen Verkehrsmitteln angeboten.

Kaffee

Auch wenn der Kaffee ursprünglich aus Äthiopien kommt, stellt er heutzutage eines der meist exportierten Produkte Mexikos dar. In 12 mexikanischen Bundesstaaten, vor allem in den feuchtwarmen bergigen Gebieten in Chiapas und Oaxaca sowie in Veracruz und Puebla, wird

Kaffee angebaut. Noch heute werden kaum technische Mittel für die Saat und die Ernte verwendet; alles wird per Hand verlesen.

Der Kaffee wird in Mexiko auf zwei verschiedene Arten zubereitet:

Café Americano (amerikanischer Kaffee): Kaffee, wie wir ihn in Mitteleuropa kennen. Die gerösteten Kaffeekörner werden gemahlen und mit Wasser zu Kaffee aufgebrüht.

Café de Olla (Kaffee aus dem Topf): Typisch mexikanischer Kaffee. In einigen mexikanischen Restaurants bekommt man nur diesen zu kaufen. Der Kaffee (Instantkaffee oder zuvor aufgebrühter Kaffee) wird hier mit braunem Zucker und Zimt abgeschmeckt. Manchmal werden noch andere Zutaten wie Orange oder Gewürznelken dazugemischt. Der *Café de Olla* ist weniger stark und sehr viel süßer als *Café Americano*.

Mehr Informationen zum Kaffee in Mexiko sowie Kochrezepte mit Kaffee finden Sie auf der Internetseite von *Sistema Producto Café*: www.spcafe.org.mx.

Cafés

Da in Mexiko später gegessen wird als in Zentraleuropa, liegt auch die Tee- und Kaffeezeit erst zwischen 17:00 und 20:00 Uhr.

Viele Cafés in Mexiko verfügen über Internetverbindungen und werden von Mexikanern häufig für Geschäftstreffen genutzt. Vor allem große Ketten wie Starbucks oder Black Coffee Gallery (die mexikanische Variante vom Starbucks) sind hierfür beliebte Anlaufstellen. In diesen Cafés lassen sich häufig Einzelpersonen stundenlang mit ihren Laptops nieder.

3.1.2 Durchfall vermeiden: Was und wo kann man essen?

Wie Nicht-Mexikaner mexikanisches Essen vertragen, ist natürlich nicht prinzipiell gleich. Einige haben einen empfindlicheren Magen als andere, einige mehr Probleme als andere. Allerdings ist es wahrscheinlich, dass Sie in Mexiko hin und wieder Magenprobleme haben werden – die haben sogar Mexikaner ab und an. Die hygienischen Bedingungen sind anders als in Mitteleuropa und der Magen eines Schweizers, Deutschen oder Österreichers ist die hohe Konzentration an Bakterien und Verunreinigungen nicht gewöhnt. Sie können aber durch Einhaltung von ein paar Vorsichtsmaßnahmen zu Beginn Ihres Aufenthalts die Wahrscheinlichkeit, sich eine Magen-Darm-Erkrankung zuzuziehen, minimieren:

1. Essen Sie nicht an jedem beliebigen Stand auf der Straße! Ihre Freunde können Ihnen zeigen, an welchen Ständen Sie unbesorgt essen können und welche Sie lieber meiden sollten. Generell gilt: Ein Tacostand, der zu den Essenszeiten keine oder nur wenige Kunden hat, ist wenig vertrauenswürdig.
2. Kaufen Sie möglichst keine aufgeschnittenen Früchte auf der Straße! Diese sind nicht desinfiziert und die Verkäufer haben den ganzen Tag keine Möglichkeit, sich die Hände zu waschen.
3. Trinken Sie NIEMALS Leitungswasser!!! Kochen Sie auch vor allem anfangs nicht damit!
4. Auch mit Eiswürfeln sollten Sie anfangs vorsichtig sein. Trinken Sie keine Eiswürfel, die aus Leitungswasser hergestellt wurden! In den meisten Restaurants sind die Eiswürfel jedoch gekauft.
5. Wenn Sie einen empfindlichen Magen haben, ist es eventuell empfehlenswert, anfangs die Zähne mit dem Wasser aus dem *garrafón* (Wasserkanister) zu putzen. Mit der Zeit können Sie dann zum Leitungswasser wechseln.
6. Anfangs sollten Sie auch Ihr Obst und Gemüse nicht mit Leitungswasser abspülen! In jedem Supermarkt und in den meisten kleineren Läden gibt es Desinfektionstropfen zu kaufen. Meist reicht ein Tropfen auf einen Liter Wasser aus, um das Leitungswasser zu desinfizieren. Darin können Sie dann Ihr Gemüse baden.
7. Nehmen Sie sich Kohletabletten aus Europa mit! Dieses Medikament gibt es in Mexiko nicht.

Das Wichtigste: Geben Sie Ihrem Magen Zeit, sich an das andere Essen und die Verunreinigungen im Wasser und im Essen zu gewöhnen. Achten Sie vor allem am Anfang darauf, was und wo Sie essen und halten Sie

Abstand vom Leitungswasser! Nach und nach können Sie gelassener werden und nach einiger Zeit in Mexiko werden Sie vielleicht auch von einem Gläschen Leitungswasser keinen Durchfall mehr bekommen – was natürlich trotz allem nicht gesund ist. Denn: Auch ein deutscher Magen gewöhnt sich an alles.

Seien Sie nicht paranoid! In größeren bzw. schickeren Restaurants können Sie beruhigt essen gehen und sollte ein überfüllter Tacostand Ihre Aufmerksamkeit auf sich ziehen, können Sie sich ruhig auch mal einen Taco gönnen.

Ein leichter Durchfall ab und an wird Sie vermutlich so oder so ereilen.

3.1.3 Tequila, Micheladas und andere alkoholische Getränke

Tequila gibt es nur in bzw. aus Mexiko. Der Name ist geschützt und darf nur für das in Mexiko hergestellte alkoholische Getränk verwendet werden.

Ursprünglich stammt der Tequila aus der gleichnamigen Stadt in Jalisco. Noch heute ist die Stadt von zahlreichen Agavenplantagen umgeben. Im Zentrum kann man in unzähligen Bars und Restaurants verschiedene Tequilasorten probieren und sich im *Museo Nacional del Tequila* (Nationalmuseum des Tequilas) und in *destilerías* (Brennereien) wie zum Beispiel der des berühmten Herstellers *José Cuervo* über die Geschichte und Zubereitung von Tequila informieren.

Außerdem kann man eine Tour im Tequila-Express machen, die neben dem Transport von Guadalajara nach Amatitan (ein Dorf bei Tequila) in einer altertümlichen Eisenbahn unter anderem eine Tequilaverkostung, Essen, Mariachi und den Besuch einer antiken Tequilafabrik beinhaltet. Mehr Informationen unter: www.tequilaexpress.com.mx.

Tequila wird aus der blauen Weber-Agave, die nur unter bestimmten klimatischen Bedingungen wächst, gewonnen. Eine Agave braucht acht bis neun Jahre, bis sie geerntet werden kann. Zur Herstellung des Tequilas wird nur das ananasähnliche Herz (*piña*) der Agave verwendet.

Man unterscheidet Tequila nach seiner Qualität. Zum einen anhand der **Reinheit**: Diese variiert von 51 % bis 100 % (auf den Flaschen vermerkt). *100 % Agave Azul* meint, dass 100 % des zur Vergärung verwendeten Zuckers aus der Agave stammen. Die Reinheit sinkt, wenn neben dem Zucker aus der Agave anderer, wie zum Beispiel Rohrzucker, zur Herstellung verwendet wird.

Zum anderen wird nach dem **Alter** des Tequilas unterschieden – das heißt, wie lange er in den Holzfässern zur Gärung gelagert war. Das Getränk muss mindestens zwei Monate gelagert werden (**reposado**). Tequila, der mindestens ein Jahr gelagert wurde, heißt **añejo** und übersteigt er eine Lagerungszeit von drei Jahren, ist er **extra añejo**.

Der Alkoholgehalt von Tequila variiert zwischen 38 % und 40 %.

Der in Mitteleuropa bekannte sogenannte Golden-Tequila ist mit Zuckersirup oder Eichenholz eingefärbt. Er unterscheidet sich im Gärungs- und Brennprozess in keiner Weise von dem klaren Tequila. Der Geschmack verändert sich jedoch durch die Färbung.

Mezcal

Neben Tequila gibt es andere alkoholische Getränke, die aus Agaven (jedoch nicht notwendigerweise aus der blauen Weber-Agave) gewonnen werden. Tequila wurde früher als Mezcal bezeichnet. Theoretisch ist er immer noch eine Art Mezcal. Im Unterschied zum Tequila muss Mezcal nicht aus Mexiko stammen. Außerdem wird Mezcal meist in kleinem Format produziert, während die Tequilaproduktion stark industrialisiert ist.

Durch Unterschiede in der Herstellung und im Alter variiert der Geschmack von Mezcal stark. Es gibt auch Mezcal mit Aromen, zum Beispiel mit Kokosaroma oder mit einer Insektenlarve in der Flasche, die dem Getränk eine besondere geschmackliche Note verleihen soll.

In Mexiko werden auch **Mixgetränke aus Tequila** hergestellt und zwar nicht nur der in Europa bekannte Cocktail Tequila Sunrise. Häufig wird Tequila mit Mineralwasser und/oder Grapefruitschorle gemischt getrunken, traditionell mit Grapefruit- und Orangenstückchen in einer Tonschale serviert.

Ein anderes Getränk mit Tequila ist zum Beispiel der *Vampiro*. Hierbei wird der Tequila mit Grapefruitschorle, Zitrone, Salz, Orangen und Grenadine gemischt.

Bier
Typisch mexikanische Biersorten sind zum Beispiel Modelo, Corona, Estrella, León, Pacífico des Unternehmens *Grupo Modelo S.A.B.* (www.gmodelo.com.mx), Indio, Sol, Tecate und Victoria. Einige davon werden auch in andere Länder exportiert.

In Mexiko gibt es viele Biersorten auch in *light*, das heißt mit weniger Kalorien.

Michelada
Erfunden von und benannt nach Augusto Michel aus San Luís Potosi wird dieses Biermixgetränk mittlerweile im ganzen Land getrunken. Das Bier – auf Wunsch klar oder dunkel, light oder stark – wird mit Maggi-Soße, Worcestershiresauce, Chili, *Valentina* (typisch mexikanische, leicht scharfe Chilisauce), Zitrone, Salz und meist mit *clamato* (Tomatensoße) gemischt. Einige enthalten auch Tabascosauce.

3.1.4 Appetit auf deutsches Brot?

Auch wenn das mexikanische Essen sehr lecker ist, erleben viele Deutsche, Österreicher und Schweizer in Mexiko irgendwann einen Moment, wo sie ein Heißhunger auf eine Thüringer Bratwurst, ein Wiener Schnitzel, ein Gulasch (Gulyás) mit Spätzle, einen Camembert mit Preiselbeeren, Klöße und Sauerkraut, einen deftigen Eintopf oder auf deutsches Schwarzbrot erfasst. Einer Umfrage zufolge vermissen über 30 % der in Mexiko lebenden Deutschen am meisten das deutsche Brot. Was viele nicht wissen: Dem kann Abhilfe geschaffen werden. Es gibt einige Deutsche in Mexiko, die mitteleuropäische Lebensmittel und deutsches Schwarzbrot herstellen und verkaufen oder Restaurants mit deutschen, schweizerischen und österreichischen Spezialitäten eröffnet haben.

Die **Panaderia Boutique Europea** bietet ein breites Angebot an Schwarzbroten und anderen deutschen und europäischen Backspezialitäten in ihren Bäckereien in Mexiko-Stadt, Cholula (Puebla), Oaxaca und Puerto Vallarta. Die Adressen sind auf der Webpräsenz nachzulesen: www.hackl.com.mx/hacklubicacion.html

Die Fleischerei **Empacadora La Selva Negra** in Mexiko-Stadt stellt deutsche Wurst- und Fleischspezialitäten her und beliefert Lebensmittelläden im ganzen Land.

Deutsche Kost in Mexico D. F.

Lebensmittel

    Borner Productos Alemanes, S. De R. I. De C. v.
    Rio Tigris 124
    Cuauhtemoc, 06500, DF
    Tel: (55) 55 25 91 01

    Landhaus – La pastelería alemana
    Flor Silvestre 16
    Col. San Pedro Mártir, 14650 Tlalpan, DF
    Tel: 29 76 01 28

Restaurants

    Chalet Suizo (Schweizer Restaurant mit Alpenambiente)
    Niza No. 37, Zona Rosa
    Col. Juárez, *México D. F.*
    Tels: 55 11 75 29 y 55 11 88 07
    www.chaletsuizo.com.mx

    Restaurant Fritz (deutsches Restaurant)
    Dr. Rio de la Loza 221
    Col. Ductores, México D. F.
    Tel.: 30 96 86 96
    www.elfritz.com.mx

Restaurante El Suizo
Av. Ignacio Comonfort #107
Santa Ana Tlapaltitlan, *Toluca*
Tel.: (01-722) 1 99 33 60, (01-722) 1 99 33 61

Fleischereien

Empacadora La Selva Negra (Metzgerei Schwarzwald)
Mina 7, Col. Del Carmen
04100 Coyocán, DF
Tel.: 56 58 33 14
www.empacadoralaselvanegra.com

Deutsche Kost in Guadalajara

Lebensmittel

Rincón alemán
Velazquez 454 (esquina Schumann)
Colonia La Estancia
Tel.: 36 29 18 21

Restaurants

Der Krug Brauhaus (Bayerisches Restaurant mit eigener Brauerei)
Miguel de Cervantes Saavedra # 15 esq. Morelos
Guadalajara
Tel.: 33 10 57 83 86

Restaurante Lüscherly (Schweizer Restaurant)
Duque de Rivas 5
Arcos Vallarta, Guadalajara
Tel.: 33 36 15 05 09

In anderen Städten

Metzgerhaus (deutsche Fleischerei und Lebensmittelladen)
Cerro de mendiola 216
Queretaro
Tel.: 44 23 47 06 88

Café Amadeus
Puente de Alvarado 102 – 1
Col. Carretas, 76050 Queretaro
Tel.: 44 22 13 64 03

3.2 Jahreszeiten und Tagesrhythmen

Mexiko liegt etwa 9000 km (Luftlinie) von Deutschland entfernt. Die Zeitverschiebung beträgt sechs bis acht Stunden. Während Deutschland auf dem 50. Breitengrad liegt, erstreckt sich Mexiko vom 16. bis 32. Breitengrad. Aufgrund der geografischen Lage und der Höhenlage des mexikanischen Gebiets ist es in Mexiko nicht nur wärmer als in Deutschland, auch die Jahreszeiten sind durch andere klimatische Bedingungen gekennzeichnet.

3.2.1 Klima und Jahreszeiten

Der größte Teil des mexikanischen Territoriums liegt in einer subtropischen Klimazone. Durch die Höhenlage jedoch sind die Temperaturen im zentralen Hochland eher mäßig. Im Winter können es nachts zum Beispiel in Mexiko-Stadt oder Zacatecas an die Null Grad Celsius kalt werden. In Küstengebieten ist das Klima das ganze Jahr über milder als im Landesinneren: An der Ostküste (Yucatán, Quintana Roo und die Golfküste) sind es auch im Winter selten unter 15°C und an der Westküste sinken die Temperaturen höchstens auf 10°C.

In Mexiko herrscht ein sogenanntes **Tageszeitenklima**. Das heißt, dass der Unterschied zwischen Tag- und Nachttemperaturen größer ist als der von Winter- und Sommertemperaturen. So kann es im Winter zum Beispiel in Jalisco nachts durchaus um die Null Grad sein, am Tag sind es dann allerdings trotzdem um die 25°C. Auch im Sommer fallen die Temperaturen nachts stark ab. Anders verhält sich das Klima an der Karibik- und der Golfküste: Hier unterscheiden sich die Tag- und Nachttemperaturen zwar auch, aber nicht so extrem wie im Landesinneren.

3.2 Jahreszeiten und Tagesrhythmen

Im Jahr 2010 war in Mexico D. F. zum Beispiel der Monat Mai der wärmste mit einer maximalen Durchschnittstemperatur von 26° und einer minimalen von 13°C und der November der kälteste mit einer maximalen Durchschnittstemperatur von 22° und einer minimalen von 10°C. Als Vergleich: In Berlin war 2010 der wärmste Monat der Juli mit einer maximalen Durchschnittstemperatur von 24°C und einer minimalen von 15°C, ähnlich den Maitemperaturen in Mexiko. Der kälteste Monat in Berlin war der Januar mit einer maximalen Durchschnittstemperatur von 3°C und einer minimalen von -1°C. In Mexiko unterscheiden sich Tag- und Nachttemperaturen durchschnittlich etwa um 12°C, was in Mitteleuropa im Sommer ähnlich ist, im Winter jedoch machen die Tages- und Nachttemperaturen nur einen Unterschied von circa 5°C aus. Die durchschnittlichen Maximaltemperaturen in Mexiko sind im Sommer und im Winter annähernd gleich.

Dennoch unterscheiden die Mexikaner zwischen Frühling, Sommer, Herbst und Winter. Sommer- und Winteranfang fallen auf dasselbe Datum wie in Europa.

Im Sommer ist in Mexiko **Regenzeit**, während der Winter trocken ist. Die Regenzeit beginnt etwa im Mai/Juni und endet im September/Oktober. Die regenreichsten Monate sind der Juli und August.

In der Regenzeit regnet es nicht permanent, häufig ist es früh klar und regnet erst gegen Nachmittag. Wenn es aber regnet, dann meist derart kräftig, dass an Spazierengehen – auch mit Schirm – kaum zu denken ist. In großen Städten überschwemmt der Regen oft tiefer gelegene Straßen mit schlechten Abwassersystemen, Tunnel und Unterführungen, weswegen man solche Orte während starker Regenfälle meiden sollte.

Das Schöne an der Regenzeit ist, dass die Natur grünt und blüht und auch Wiesen und Wald saftig grün schimmern, die zur Trockenzeit manchmal eher bräunlich sind und oft Feuer fangen.

Eine Ausnahme bilden natürlich besondere geografische Gebiete wie Wüsten, z. B. die Sonora-Wüste im Norden, wo es deutlich weniger regnet, oder Regenwälder, wie die in Chiapas, wo es das ganze Jahr über deutlich mehr regnet. Auch am Meer halten sich die Regenfälle nicht immer an die Regenzeiten.

Es kann generell auch außerhalb der Regenzeit regnen. Das passiert jedoch äußerst selten. So fielen 2010 in Mexico D.F. 92 % des Niederschlags während der Regenzeit.

Eine Übersicht über die Durchschnittstemperaturen, die hier verarbeitet wurden, finden Sie bei msn unter clima.prodigy.msn.com.

3.2.2 Arbeits- und Essenszeiten

Ein Wochentag in Mexiko beginnt für den Großteil der Bevölkerung später als in Mitteleuropa: Geschäfte aller Art öffnen meist erst gegen zehn oder sogar erst gegen elf Uhr. Eine Ausnahme bilden Läden, die 24 Stunden geöffnet sind, wie einige Supermärkte wie z.B. *Oxxo* und *7Eleven* (mehr zu Lebensmittelläden und Supermärkten erfahren Sie in Kapitel 4.5.1.).

Büroangestellte beginnen meist zwischen acht oder neun Uhr ihren Arbeitstag und auch Familien mit Kindern müssen zeitiger aufstehen: Die erste Stunde in Grundschulen (*primaria*) und in den weiterführenden Schulen (*secundaria* und *preparatoria*) beginnt zwischen sieben und acht Uhr.

Viele kleine Läden schließen zwischen zwei und vier oder fünf Uhr nachmittags. Auch viele Büroangestellte haben zu dieser Zeit ihre Mittagspause. Dafür dauert ein mexikanischer Arbeitstag etwas länger: Büroangestellte haben zwischen sieben und acht Uhr Schluss, die meisten Läden schließen erst gegen neun oder zehn.

Diese Arbeits- und Pausenzeiten spiegeln sich in den Großstädten vor allem in einem hohen Verkehrsaufkommen wider.

Diesem Tagesrhythmus entsprechend ist auch der Essensrhythmus der meisten Mexikaner etwas anders als in Mitteleuropa: Gefrühstückt wird in Abhängigkeit davon, wann der Arbeitstag beginnt. Mittagessen gibt es meist gegen drei oder vier Uhr, am Wochenende auch später. Wundern

Sie sich also nicht, wenn Sie zu einer *Comida* (Mittagessen) um vier Uhr nachmittags eingeladen werden! Zu Abend wird meist erst gegen neun oder zehn Uhr gegessen.

3.2.3 Der Sonntag in Mexiko

Der Sonntag in Mexiko wird nicht nur dazu genutzt, Zeit mit der Familie zu verbringen, sondern auch Wocheneinkäufe und Shopping zu erledigen. So sind am Sonntag in Mexiko die meisten größeren Läden geöffnet und die Einkaufszentren überfüllt.

Auch Parks und Wälder sind beliebte Wochenendausflugsziele. Manchmal gibt es in großen Parks am Wochenende Attraktionen für Kinder, Ess- und Trinkstände und auch Trampoline zum Ausleihen.

Da über 90 % der Mexikaner katholisch sind, werden jeden Sonntag mehrere Messen in den Kirchen abgehalten. Meistens sind diese gut gefüllt.

3.3 Ich verstehe nur Spanisch

Wenn Sie in Ihrer europäischen Heimat bei einem Spanier oder auch in Spanien Spanisch gelernt haben, werden Sie sich wundern, wie viel Sie in Mexiko nicht verstehen werden. Es gibt in Mexiko nicht nur viele Wörter, die das Castellano nicht kennt oder anders benennt – auch die Grammatik und die Aussprache sind teilweise anders. Dies ist historisch bedingt durch die Einflüsse anderer, vor allem indigener Sprachen und der geografischen Nähe zu den USA.

3.3.1 Sprachenvielfalt in Mexiko

Neben der Amtssprache Spanisch werden in Mexiko 62 weitere, so genannte indigene Sprachen gesprochen. Diese *lenguas* („Sprachen") wurden vor der Eroberung durch die Spanier von den Völkern, die das heutige mexikanische Gebiet bewohnten, gesprochen. Einige hatten sich sogar als internationale

Handelssprachen in Zentralamerika durchgesetzt. Seit 2003 sind 62 dieser Sprachen als „Nationalsprachen" offiziell anerkannt.

Insgesamt sprechen laut offiziellen Angaben 6.011.202 Mexikaner, also 6,7 % der Bevölkerung, eine indigene Sprache. Davon leben über eine Millionen in Oaxaca (35,2 %) und etwas über 900.000 in Chiapas (26,0 %). Auch in Yucatán sprechen 33,3 % der Bevölkerung eine indigene Sprache.

Die Mehrheit der Sprecher einer indigenen Sprache ist außerdem des Spanischen mächtig, ist also bilingual. Nur 12 % der Personen, die eine indigene Sprache beherrschen, können kein Spanisch.

Die meist gesprochene indigene Sprache ist **Náhuatl** mit 1,3 Millionen Sprechern, größtenteils ansässig in Zentralmexiko wie in den Bundesstaaten San Luis Potosí, Puebla, Guerrero, Hidalgo und Veracruz de Ignacio de la Llave.

Náhuatl stammt aus der Familie der uto-aztekischen Sprachen und war die am weitesten verbreitete Sprache in Mexiko vor der Eroberung durch die Spanier. Sie diente zur internationalen Verständigung zum Beispiel mit Handelspartnern in Guatemala. Die verschiedenen Varianten des Náhuatl unterscheiden sich heutzutage teilweise derart, dass Sprecher verschiedener Dialekte sich nicht untereinander verständigen können.

Die heutzutage am zweitmeisten gesprochene indigene Sprache in Mexiko ist **Maya**: Circa 900.000 Mexikaner, hauptsächlich wohnhaft in Campeche, Yucatán und Quintana Roo, sprechen Maya. Maya ist keine einheitliche Sprache, sondern eine Sprachfamilie, zu der zum Beispiel das in Mexiko weit verbreitete Mayathan gehört. Die Maya-Sprachen dienten als Schrift- und Verkehrssprachen im Reich der Maya und wurden und werden unter anderem auch in Belize und Guatemala gesprochen. Maya wurde vor der Eroberung durch die Spanier mit den von Tempeln und Ruinen bekannten Maya-Hieroglyphen niedergeschrieben. Seit der Eroberung wird sie mit lateinischen Buchstaben wiedergegeben.

Weitere indigene Sprachen sind *mixtecas* (423.216 Sprecher, vor allem in Oaxaca, Guerrero, Mexiko-Staat, Baja California und Mexico D. F.), *lenguas zapotecas* (410.901, Oaxaca, Veracruz, Mexiko-Staat, Mexico D. F. und Baja California), *tzeltal* (371.730, Chiapas), *tzotzil* (329.937, Chiapas), *otomí* (239.850, Hidalgo, Mexiko-Staat, Queretaro, Veracruz und Mexico D. F.), *totonaca* (230.930, Veracruz und Puebla), *mazateco* (206.559, Oaxaca und Puebla) etc.

Eine Übersicht über die statistische Untersuchung zur Verbreitung und Situation der indigenen Sprachen in Mexiko können Sie im PDF-Format auf der Homepage des *Instituto Nacional de Estadística y Geografía* unter dem Menüpunkt *Estadística – Censos y Conteos de Población y Vivienda* downloaden:
www.inegi.org.mx/sistemas/biblioteca/detalle.aspx?c=16632&upc=70282 5001789&s=est&tg=0&f=2&pf=Pob

3.3.2 Das mexikanische Spanisch

Das mexikanische bzw. lateinamerikanische Spanisch unterscheidet sich sowohl in der Grammatik und der Aussprache als auch – und vor allem – im Wortschatz von dem in Spanien gesprochenen Castellano.

Grammatische Besonderheiten

In Mexiko und in ganz Lateinamerika wird das Personalpronomen *„vosotros/vosotras"* nicht verwendet. Stattdessen wird das deutsche „ihr" mit *„ustedes"* ausgedrückt. So übersetzt man zum Beispiel „Geht ihr ins Kino?" in Mexiko mit *„¿Van (ustedes) al cine?"* anstelle von *„¿Vais (vosotros) al cine?"*, wie man es in Spanien sagen würde.

Außerdem wird in Mexiko relativ selten das *Pretérito Perfecto (he estado)* und mehr das *Pretérito Indefinido (estuve)* gebraucht.

Aussprache

Auch in der Aussprache gibt es einen fundamentalen Unterschied zwischen dem spanischen und dem mexikanischen Spanisch: das „c" vor hellen Vokalen (e,i) wird in etwa wie ein deutsches „z" gesprochen und nicht wie ein englisches „th", wie es die Spanier tun.

3. Der Alltag in Mexiko

Zur Verwendung der Höflichkeitsform in Mexiko

In Mexiko steht die Verwendung der Höflichkeitsform für Respekt und Statusunterschiede. So ist es zum Beispiel üblich, den Busfahrer zu duzen, der wiederum wird Sie aber mit Sicherheit siezen. Ältere Verwandte von Freunden und Bekannten sind auf jeden Fall zu siezen, ebenso wie hierarchisch höher stehende Personen wie der eigene Chef oder Abteilungsleiter oder Professoren an der Uni. Kollegen und Kommilitonen duzt man meist. Bietet Ihnen jemand das Du an, können Sie es beruhigt annehmen.

Mexikanische Wörter und Ausdrücke

Es gibt unzählige Wörter und Ausdrücke, die nur in Lateinamerika oder sogar nur in Mexiko verwendet werden.

Viele dieser Begriffe sind auf Einflüsse indigener Sprachen zurückzuführen, deren Verbreitung oben knapp dargestellt wurde. Einen besonders starken Einfluss hatte die vor der Conquista am weitesten verbreitete Sprache Náhuatl. Viele Wörter, die Natur und Lebewesen bezeichnen, haben dort ihre Wurzeln, wie zum Beispiel *aguacate* (Avocado), *cacahuate* (Erdnuss), *cacao* (Kakao) oder *chapulín* (Grashüpfer).

Auch die geografische Nähe zu den USA und deren wirtschaftlicher Einfluss haben Auswirkungen auf die Sprache in Mexiko. Es finden sich zahlreiche Anglizismen in Mexiko, unter anderem im Bereich der Technik wie *chatear* (chatten), *lap(top)*, *compu(tadora)* oder *mouse* (Maus), aber auch in anderen Bereichen wie zum Beispiel *pay* (Kuchen), *closet* (Schrank) oder *hobby*.

Aufgrund der Einflüsse geografisch unterschiedlich angesiedelter (indigener) Sprechergruppen herrschen innerhalb Mexikos große regionale sprachliche Variationen. Diese zeigen sich vor allem in unterschiedlichem Vokabular, aber auch in der Art und Weise, wie gesprochen wird. So empfinden viele Mexikaner, die nicht in der Hauptstadt wohnen, das Sprechverhalten der Hauptstadtbewohner als sehr melodiös: „Die singen beim Sprechen." Außerdem gibt es natürlich – wie im deutschsprachigen Raum auch – regionale Dialekte, die sich durch die unterschiedliche Aussprache gleicher Wörter, Silben und Vokale voneinander abgrenzen.

3.3 Ich verstehe nur Spanisch

In Mexiko wird viel die Verniedlichungsform *-ito/-ita* verwendet wie auch die Vergrößerungsform *-ote*. So kann man einem guten Freund in einer SMS einen *besito* (Küsschen) senden oder auch einen *besote* (großer Kuss, Knutscher), auch ein einfacher *beso* (Kuss) wäre möglich. Alle drei Formen sind üblich. Anders sieht es aus mit einer Umarmung. Hier ist *abracito* unüblich, dafür *abrazo* oder *abrazote* gängig. Diese feinen Unterschiede bekommen Sie jedoch im täglichen Umgang schnell mit.

Insbesondere in der Umgangssprache gibt es zahlreiche Wörter, die nur in Mexiko verwendet werden.

Im Folgenden finden Sie eine kleine Liste einiger typisch lateinamerikanischer bzw. mexikanischer Wörter. Anschließend finden Sie außerdem eine kurze Übersicht über einige umgangssprachliche Ausdrücke in Mexiko.

Mexiko	Spanien	deutsch
el camarón	la gamba	Krabbe, Garnele
el carro/el auto	el coche	Auto
el cel(ular)	el móvil	Handy
la compu(tadora)	el ordenador	Computer
el cuarto	la habitacion	Zimmer
el depa(rtamento)	el piso	Wohnung
derecho	(todo) recto	geradeaus
el jugo	el zumo	Saft
la lap(top)	el portatil	Laptop
¿mande?	¿cómo?	wie bitte?
la nieve	el helado	Speiseeis
el pay	el pastél	Kuchen
la playera	la camisa	T-Shirt
placticar	hablar/conversar	reden, sich unterhalten
rentar	alquilar	mieten
el tianguis	el mercado	Markt
la tina	la bañera	Badewanne
el zíper	la cremallera, el cierre	Reißverschluss

3. Der Alltag in Mexiko

Umgangssprachliches	
berrinchudo/a	trotzig; starrköpfig
el cabrón	Scheißkerl
está cabrón	das ist schwierig
la chamba	Arbeit, Job
la chava/el chavo	Mädchen/Junge
el carnal	Bruder/Schwester
chido	geil; klasse
chingar	verarschen
¡chingados!	scheiße
estar de la chingada	scheiße sein, schlecht gehen
estar cruda	einen Kater haben
culero	fies; ein Arschloch sein
el güey (sprich: wey)	Typ; Kerl; übliche Anrede unter Jugendlichen
hacerse güey	sich dumm stellen
ser güey	dumm sein
hijole(s)	Ausdruck von Überraschung
jodido/a	kaputt; angearscht
la lana	wörtl.: Wolle; ugs.: Geld
¡no mames!	Sag bloß!, Krass!
la morra/el morro	Mädel/Junge
el ñoño/la ñoña	Streber/in
la onda	wörtlich: Welle; ugs.: Trend
buena onda	supernett
mala onda	schlecht; böse; unfair
ser la onda	hip/klasse/in sein
¿que onda?	Was geht ab?
padre	geil; klasse
el pedo	wörtlich: Pups; ugs.: Problem
tener un pedo	ein Problem haben
¿que pedo?	Was ist los?
el pendejo/la pendeja	Idiot/in; Blödmann
pinche + Subst.	scheiß + Subst.
poca madre	super klasse
porfis/plis	bitte (von por favor, please)

3.3.3 Sprachkurse in Mexiko

Sollten Sie vor der Aufnahme Ihrer Tätigkeit in Mexiko noch etwas Zeit haben und sind Ihre Sprachkenntnisse noch nicht sehr ausgereift, ist es empfehlenswert, vor Ort einen Sprachkurs zu belegen.

Machen Sie nicht den Fehler, in Ihrer europäischen Heimat einen völlig übertreuerten Spanischkurs für Mexiko zu buchen! Auch wenn die Angebote Ihnen vielleicht im Vergleich zu Sprachkursen in Deutschland, Österreich oder der Schweiz nicht teuer erscheinen – vor Ort sind sie noch fünf Mal billiger und Sie können sich vor dem Buchen einen Eindruck von der Schule verschaffen! Suchen Sie in der jeweiligen Stadt in Mexiko nicht nur nach Spanischsprachschulen, sondern auch nach Sprachschulen (*escuela de idiomas*) im Allgemeinen. Viele Mexikaner haben Interesse, andere Sprachen zu lernen, weswegen es in Mexiko zahlreiche Sprachschulen gibt, an denen verschiedene Fremdsprachenkurse angeboten werden – unter anderem auch Spanisch für Ausländer und zwar sehr viel günstiger als die Kursangebote für Mexiko, die Sie in Europa bekommen.

Einige Sprachschulen in DF

    www.americanteam.com.mx/
    www.alcidiomasnl.com/
    www.centerlingua.com/ auch in Queretaro
    www.angloamericano.com.mx in 12 Staaten Mexikos
    www.berlitz.com.mx/

Einige Sprachschulen in Guadalajara

    www.institutocultural.com.mx
    www.linguasmex.com/
    www.uag.mx/12/cii.html
    www.academiauniversal.net
    www.ici-mx.com/

Einige Sprachschulen/-unterricht in Monterrey
www.clasesprivadas.info/2009/01/prices.html
www.spelt.com.mx Monterrey und Guadalajara
www.britishcentre.com.mx/

3.4 Der Straßenverkehr

Eine Freundin sagte einmal über den Straßenverkehr in Mexiko: „In Deutschland ist das so: Zuerst kommt der Fußgänger, dann der Fahrradfahrer, dann das Motorrad und dann das Auto. Und hier ist das einfach umgekehrt. Und je größer das Auto, desto toller."

Dies beschreibt ziemlich zutreffend die Situation von Fußgängern und Fahrradfahrern in den Großstädten Mexikos. Fahrradwege und Fußgängerampeln gibt es kaum, und wenn es sie gibt, werden sie manchmal von Autofahrern missachtet. Theoretisch gelten die Autoampeln auch für Fußgänger, da aber rechts abbiegen auch bei roter Ampel erlaubt ist, muss man hier als Fußgänger trotzdem vorsichtig sein. Es gibt einige Zebrastreifen, die jedoch kaum Beachtung finden. Gelbe Fußgängerstreifen auf der Straße weisen lediglich darauf hin, dass man an dieser Stelle die Straße überqueren könnte – wenn kein Auto kommt.

Fahrradfahrer sind besonders gefährdet, da sie von vielen Autofahrern nicht als gleichwertige Verkehrsteilnehmer, mit denen man die Straße teilt, wahrgenommen werden. Sie können als Fahrradfahrer auch auf dem Fußweg fahren, die sind jedoch oftmals sehr schmal und in schlechter Qualität.

Besonders aufpassen sollten Fußgänger und Fahrradfahrer, wenn Pfützen auf der Straße sind. Autofahrer achten oft wenig darauf, Fußgänger nicht zu benässen. Als Autofahrer sollte man stets damit rechnen, dass irgendjemand die Verkehrsregeln nicht beachtet, zum Beispiel eine rote Ampel ignoriert, eine Einbahnstraße verkehrt herum hineinfährt oder mitten auf der Straße anhält oder parkt.

3.4 Der Straßenverkehr

Mexikanische Straßen, Schnellstraßen und Autobahnen sind schmaler als in Mitteleuropa.

3.4.1 Straßenverkehrsregeln

Theoretisch herrscht innerhalb von Städten und Dörfern ein **Geschwindigkeitslimit** von 50 km/h und 30 km/h in Schulgebieten. Auf Schnellstraßen und Autobahnen liegt das Limit zwischen 80 und 120 km/h.

Radarkontrollen gibt es in Mexiko kaum, Blitzer gar nicht. Dafür wurde ein anderes Mittel erfunden, die Geschwindigkeit der Autofahrer zu bremsen: *topes*. Das sind Erhöhungen auf der Straße, einige Zentimeter hoch und etwa einen halben bis einen Meter breit, die meist über die gesamte Breite der Straße gehen. Manchmal sind nur Noppen auf der Straße. Häufig wird auf diese *topes* durch ein Schild hingewiesen und normalerweise sind sie weiß-gelb markiert, sodass man sie nicht übersehen kann. Es gibt jedoch ältere *topes*, die ihre Farbe bereits verloren haben, nicht angemeldet oder von den Anwohnern selbst errichtet wurden. Daher sollten Sie beim Autofahren in Ihnen unbekannten Straßen immer darauf bedacht sein, einen *tope* anzutreffen. Überfährt man diesen unbedacht mit höherer Geschwindigkeit, schlägt das Auto äußerst unsanft auf.

Rote Ampeln müssen beachtet werden. Eine Ausnahme bilden:

- Rechtsabbieger. Diese dürfen mit *precaución* (Umsicht/Vorsicht) auch bei roter Ampel abbiegen.
- Frauen nach 23:00 Uhr. Eine ungeschriebene, aber allseits akzeptierte Regel besagt, dass Frauen, die ohne männliche Begleitung unterwegs sind, nach 23:00 Uhr rote Ampeln missachten dürfen (natürlich mit *precaución*!). Dies soll sie vor nächtlichen Überfällen beim Halten an Ampeln schützen.

Die Verkehrsschilder sehen ähnlich aus wie in Mitteleuropa. Ist nicht angezeigt, welche Straße die Hauptstraße ist, haben normalerweise Autos auf der größeren Straße **Vorfahrt**. Bei gleichgroßen Straßen gilt in Mexiko nicht rechts vor links (!), sondern ein System, dass sich *uno* *por uno* nennt und meint, dass abwechselnd eine der beiden Straßen Vorfahrt hat. Dies wird größtenteils respektiert.

Das Stoppschild hat in Mexiko die gleiche Form wie im deutschsprachigen Europa, jedoch steht nicht „Stop(p)" sondern *Alto* (Halt) darauf. Es hat (theoretisch) die gleiche Bedeutung wie in Europa.

HINWEIS

Generell ist es erlaubt, überall zu **parken**, wo kein Schild dies verbietet und der Straßenrand nicht gelb markiert ist.

Eine gelbe Straßenrandmarkierung bedeutet Parkverbot!

Vor allem in den Stadtzentren müssen häufig Parkgebühren bezahlt werden. Es gibt Parkuhren, meist farbig gekennzeichnet, in die Geld eingeworfen werden muss. Seit einiger Zeit gibt es auch immer öfter Parkautomaten, an denen Sie sich ein Parkkärtchen kaufen und dieses sichtbar im Auto hinterlegen. Zonen, wo man Parkgebühren zahlen muss, sind oft durch die Worte *zona regulada* markiert.

In Restaurants, Bars, Casinos etc. wird häufig **valet parking** angeboten, das heißt, man gibt sein Auto samt Schlüssel direkt vorm Eingang ab und bekommt einen Beleg, auf dem das Nummernschild notiert ist. Gegen Vorlage dieses Belegs bekommen Sie beim Verlassen der Lokalität Ihr Auto vorgefahren. Dieser Service kann kostenpflichtig sein. Wenn er gratis angeboten wird, sollten Sie den Angestellten ein kleines Trinkgeld zahlen. Achten Sie darauf, dass Sie auch wirklich Ihr eigenes Auto mit nach Hause nehmen! Es kommt ab und an zu Verwechslungen.

Auf den Straßen arbeiten zahlreiche, so genannte *vieneviene* (benannt nach dem von ihnen am häufigsten benutzten Wort: *„viene"* von dem Verb *venir,* kommen) oder **franeleros**. Es handelt sich hierbei um Personen, meistens Männer, die beim Ein- und Ausparken helfen und wissen, wo es freie Parklücken gibt. Einige von ihnen bitten nur um ein kleines Trinkgeld, andere haben sich die Straße zu eigen gemacht und verlangen Parkgebühren. Sie sind zwar in keiner Weise dazu berechtigt, diese zu kassieren, es ist aber dennoch ratsam, ihnen Geld zu geben – ggf. weniger als sie verlangen oder „den Rest bei der Abfahrt", da sie sonst möglicherweise Ihrem Auto oder auch Ihnen Schaden zufügen.

3.4.2 Führerschein und Fahrschule

Internationaler Führerschein

Theoretisch können Sie in Mexiko laut Gesetz die „ersten paar Wochen" mit Ihrem deutschen, schweizerischen oder österreichischen Führerschein Auto fahren und Autos mieten. Eine genaue Regelung, wie lange denn „ein paar Wochen" sind, gibt es nicht. Aufgrund dieser sehr schwammigen Formulierung können Sie mit Ihrem für Ihr Land ausgestellten Führerschein jederzeit Pech oder auch Glück haben: Werden Sie von einem *Transito* (Verkehrspolizei) angehalten, hängt es ganz von dessen Laune und finanziellen Nöten ab, ob er Ihren Führerschein akzeptiert oder Sie ein Bußgeld zahlen lässt, da er das Dokument nicht lesen kann.

Vor Vorfällen dieser Art können Sie sich schützen, indem Sie sich einen internationalen Führerschein ausstellen lassen. Dieser kostet derzeit um die 15 Euro und wird gegen Vorlage des Personalausweises oder Passes, des europäischen Führerscheins und eines biometrischen Passfotos bei der Führerscheinstelle Ihrer Stadt ausgestellt.

In den USA und Kanada (u. a.) ist der internationale Führerschein Pflicht, um dort ein Auto mieten und fahren zu können.

Einen mexikanischen Führerschein beantragen

Wenn Sie dauerhaft in Mexiko bleiben, können Sie sich gegen Vorlage Ihres europäischen Führerscheins einen mexikanischen Führerschein ausstellen zu lassen.

Weitere Informationen sowie die Adressen der zuständigen Institutionen finden Sie auf der Website der *Vialidad* der jeweiligen Stadt, zum Beispiel für:
DF: www.setravi.df.gob.mx
Guadalajara: www.jalisco.gob.mx/wps/portal/sriaVialidad

Monterrey: portal.monterrey.gob.mx/tramites/secretaria_de_vialidad_y_trans.html

Ausstellenlassen eines mexikanischen Führerscheins gegen Vorlage des europäischen

Für das Ausstellenlassen eines mexikanischen Führerscheins benötigen Sie:

- Ihren europäischen Führerschein
- Ihr Visum (FM3 oder FM2, NICHT das Touristenvisum!)
- Ihren Pass
- Nachweis des Wohnsitzes auf den eigenen Namen (z. B. Strom-, Gas-, Wasserrechnung)
- Original und Kopie eines Gesundheitszeugnisses, ausgestellt von einem öffentlichen Gesundheitszentrum Mexikos (ISSSTE, Centro de Salud, IMSS, Cruz Roja), das Auskunft gibt über ihre Blutgruppe, Sehstärke und sonstige körperliche Besonderheiten.

Erkundigen Sie sich im Einzelfall am besten bei der nächstgelegenen *Vialidad*, welche Dokumente wirklich notwendig sind.

Die mexikanische Fahrschule

Das Erlangen einer Fahrerlaubnis ist in Mexiko sehr viel günstiger und vor allem einfacher als in Deutschland, Österreich und der Schweiz. Das Absolvieren von Fahr- oder Theoriestunden ist nicht Vorraussetzung für die Teilnahme an den Prüfungen. Viele Mexikaner nehmen für ihren Führerschein nicht eine einzige Fahrstunde, sondern erlernen das Autofahren von Eltern oder Freunden und absolvieren lediglich die Prüfung.

Dennoch kann man in Mexiko natürlich Fahrstunden nehmen. Zehn Stunden werden von den Fahrschulen als Vorraussetzung für das Absolvieren der Fahrprüfung empfohlen. Die Preise sind sehr moderat: Zehn Stunden Praxis- und zwei Stunden Theorieunterricht kosten bei der *Autoescuela Vargas* in Mexico D. F. derzeit 1900 pesos, also um die 115 Euro.

Für das Ausstellen des Führerscheins müssen eine schriftliche Prüfung, ein Multiplechoice-Test und eine Praxisprüfung absolviert werden. Die Prüfungen werden nicht bei der Fahrschule, sondern direkt beim Verkehrsamt *Secretaría de Vialidad* abgelegt (mehr Informationen zu den vorzulegenden Dokumenten sowie zu Kosten und Inhalten der Prüfungen erhalten Sie bei der Vialidad Ihrer Region oder auf deren Internetseite).

Mit Erlaubnis der Eltern können Jugendliche ab 16 Jahre schon einen Führerschein machen.

Auto leihen

Wer in Mexiko ein Auto leihen will, findet eine Vielzahl von Anbietern: Neben den in Europa bekannten Autovermietungen wie Hertz, Avis oder Europcar gibt es zahlreiche nationale Anbieter. Die Preise sind je nach Saison, Auto und Serviceleistungen sehr unterschiedlich. Einen Preisvergleich für eine spezielle Anfrage bietet die Website www.travelocity.com.mx (Stichwort: Autos) oder direkt unter:
www.avis.com.mx
www.europcar.com.mx
www.hertz.com.mx

Um in Mexiko ein Auto ausleihen zu können, müssen Sie – theoretisch – mindestens 25 Jahre alt sein.

3.4.3 Polizei und Strafen

In Mexiko gibt es verschiedene Arten von staatlichen Sicherheitskräften: die nationale Polizei, die regionale Polizei, die städtische Polizei und der *transito*, also die Verkehrspolizei. Die *transitos* sorgen für Einhaltung der Verkehrsregeln und kontrollieren zum Beispiel bei Autofahrern den Alkoholgehalt im Blut.

In den meisten Fällen stellen die Beamten keinen Strafzettel aus, sondern verhandeln mit der Person, die gegen die Regeln verstoßen hat und einigen sich auf ein „Bestechungsgeld". Trifft man auf freundliche Polizisten und

3. Der Alltag in Mexiko

ist redegewandt, kann man sich unter Umständen auch herausreden und kommt ohne Bußgeld davon.

Dennoch ist es, vor allem als Nicht-Mexikaner, nicht ratsam (sofort) einen Pakt vorzuschlagen. Meistens bieten die Polizisten selbst eine „Einigung" an.

Wird Ihnen ein Strafzettel ausgestellt, ist dieser bei einer Vialidad oder einer Bank zu bezahlen. Die Summe des Strafgeldes orientiert sich am in Mexiko vorherrschenden Mindestlohn, der momentan je nach Region um die 55 pesos (pro Tag) liegt. Begleichen Sie die Rechnung innerhalb der vorgegebenen Frist, bekommen Sie einen Rabatt von bis zu 50 % auf die zu zahlende Summe. Generell sind die Bußgelder, ausgehandelt oder rechtskräftig ausgestellt, sehr viel geringer als in Mitteleuropa. Ein Punktesystem kennen die Mexikaner nicht.

Nachdem alkoholisierte Autofahrer immer wieder schwere Unfälle verursachten, wird neuerdings konsequenter gegen alkoholisiertes Autofahren vorgegangen. So gibt es zum Beispiel in Städten und auf größeren Verbindungsstraßen zwischen zwei Städten am Wochenende abends und nachts etliche groß angelegte Verkehrskontrollen. Hierbei wird meist vorab die Geschwindigkeit der Fahrzeuge gemessen. Zu schnell fahrende Autofahrer werden einige 100 Meter darauf aus dem Verkehr gezogen und einer Alkoholprüfung unterzogen. Fällt diese positiv aus, erwartet den Fahrer eine hohe *multa* (Strafe). Seit Sommer 2010 ist es auch Mitfahrern verboten, im Auto Alkohol zu trinken: Das bloße Mitführen von offenen alkoholischen Getränken im Auto ist strafbar!

Polizisten haben nur dann ein Recht, Sie anzuhalten, wenn Sie gegen eine Verkehrsregel verstoßen haben. Sollte ein nicht klar gekennzeichnetes Auto versuchen, Sie anzuhalten, ohne dass Sie gegen eine Regel verstoßen haben, halten Sie besser nicht an bzw. erst dann, wenn Sie sich in einer sicheren Gegend, zum Beispiel an einer Bank oder einem anderen Gebäude mit Sicherheitspersonal befinden.

3.4.4 Unfälle

Wenn Sie in Mexiko ein Auto kaufen, müssen Sie dieses versichern lassen. Autoversicherungen sind in Mexiko längst nicht so teuer wie in Mitteleuropa.

Wenn Sie in einen Unfall verwickelt sind, müssen Sie Ihre Versicherung informieren und auf deren Eintreffen warten.

In Mexiko ist manchmal zu beobachten, wie zwei Autos leicht aneinander stoßen, die Fahrer aussteigen, sich den Schaden ansehen, kurz miteinander reden, einsteigen und weiterfahren. Viele Autos in Mexiko haben Blechschäden oder andere kleinere Schäden am Auto. Nicht nur solche Zusammenstöße, auch nicht gut kalkulierte Ein- oder Ausparkmanöver sind die Gründe dafür.

Kleinere Schäden am Auto werden nicht so eng gesehen. Auch Reparaturen sind preiswerter als in Mitteleuropa.

Sollten Sie also in einen kleineren Unfall verwickelt sein, können Sie auch versuchen, sich mit dem/den anderen Beteiligten zu einigen und vielleicht ein kleines Schmerzensgeld auszuhandeln. Denn bis die Autoversicherung eintrifft, kann in größeren Städten einige Zeit vergehen und oft stauen sich schon wenige Minuten nach dem Unfall zahlreiche Autos.

Wenn Sie ein geparktes Auto z.B. beim Ausparken anfahren und der Fahrer des Autos nicht in Sicht ist, sollten Sie, wie in Ihrer europäischen Heimat auch, einen Zettel mit Ihrem Namen und Ihrer Telefonnummer hinterlassen. Fahrerflucht (*delito de fuga*) ist in Mexiko strafbar.

Sind Sie der Geschädigte und Opfer von Fahrerflucht, können Sie dies bei Ihrer *vialidad* zur Anzeige bringen.

Die allgemeine **Notrufnummer** für Polizei, Feuerwehr und Ambulanz ist in Mexiko **080**. Die kostenlose Rufnummer des Roten Kreuzes (*Cruz roja*) ist **065**.

3.4.5 Öffentliche Verkehrsmittel – Bus, Taxi, Metrobus oder Metro?

Wenn Sie kein Auto haben, müssen Sie in den größeren Städten auf öffentliche Verkehrsmittel zurückgreifen. Zwar bleibt Ihnen für kürzere Strecken auch das Fahrrad, dennoch ist hier Vorsicht geboten aus den oben genannten Gründen. Grundsätzlich ist es in Städten empfehlenswert, ein Auto zu besitzen, nicht zuletzt deshalb, da nachts keines der öffentlichen Verkehrsmittel und auch keine Taxis so sicher sind wie das eigene Auto.

Taxi

In Mexiko verfügen nicht alle Taxis über ein *taximetro* (Taxameter), und selbst wenn sie über ein solches verfügen, nutzen die Fahrer es nicht immer.

Eine Fahrt mit *taximetro* muss nicht unbedingt billiger sein als eine Fahrt ohne. Auf jeden Fall sollten Sie sich beim Einsteigen ins Taxi (sofern Sie nicht vor der Fahrt ein Taxiticket gekauft haben, wie in Kapitel 2.1 beschrieben), mit dem Fahrer über einen Preis verständigen. Nutzt er ein Taxameter, wird er Sie darauf hinweisen. Nutzt er keins, sollten Sie sich vor dem Losfahren auf einen Fahrpreis einigen, von dem Sie auch nicht abweichen sollten, wenn der Fahrer am Ende mehr verlangt. Um sich vor überhöhten Preisen zu schützen, informieren Sie sich am besten vor der Fahrt bei Bekannten über übliche Preise. Erwecken Sie den Anschein, Bescheid zu wissen, ist es weniger wahrscheinlich, dass er Ihnen einen überteuerten Fahrpreis berechnet.

Generell ist das Taxifahren in Mexico D. F. sehr viel billiger als zum Beispiel in touristischen Gegenden wie in Cancún oder Puerto Vallarta. Auch in Monterrey ist Taxifahren recht teuer.

Taxis sind vor allem nachts den öffentlichen Verkehrsmitteln vorzuziehen.

In Mexiko-Stadt ist es bei Taxifahrten generell ratsam, nähere Informationen über den Zielort zu haben, da einige Taxifahrer die Fahrt sogar ablehnen, wenn Sie die Zieladresse nicht kennen und der Fahrgast sie ihnen nicht erklären kann.

Schützen Sie sich vor Piratentaxis! Die autorisierten Taxis in Mexico D. F. sind rot-gold, ältere sind laubfroschgrün wie die Taxis in Monterrey. In Guadalajara sind sie gelb mit blauem Dach und in Cancún weiß mit einer dunkelgrünen Markierung. Piratentaxis sehen den autorisierten jedoch oft zum Verwechseln ähnlich. Achten Sie daher darauf, dass die *licencia* (Lizenz) des Taxifahrers sichtbar an einem der Fenster angeheftet ist. Auch auf das Nummernschild können Sie achten: In Mexico D. F. beginnen die Nummernschilder der offiziellen Taxis mit einem A oder B gefolgt von fünf Nummern.

Auch wenn Sie ein autorisiertes Taxi wählen, schützt Sie das nicht hundertprozentig vor Überfällen. Wählen Sie daher vor allem nachts ältere Fahrer und vertraute Routen. Erscheint Ihnen während der Fahrt irgendetwas seltsam, bitten Sie den Fahrer an einem geöffneten Geschäft anzuhalten, hinterlassen Sie etwas Geld und entfernen Sie sich von dem Taxi.

Besonders sicher, aber etwas teurer sind Radiotaxis, die man per Telefon bestellt.

Telefonnummern von Radiotaxis finden Sie unter www.seccionamarilla.com.mx unter dem Suchwort „Taxi".

Bus

In jeder größeren Stadt Mexikos kann man sich im Bus oder per Taxi fortbewegen. Busse kosten meist 5, in den größeren Städten 6 pesos, für Kinder, Studenten und Senioren 3 pesos. Die ermäßigten Tickets für Studenten müssen vor Antritt der Reise gegen Vorlage entsprechender Ausweise gekauft werden. Diese Tickets werden zum Beispiel in vielen Universitäten und in verschiedenen öffentlichen Einrichtungen verkauft. Fragen Sie am besten in einem Bus nach, wo man diese *transvales para estudiantes* kaufen kann.

Die Busse in den Großstädten Mexikos werden von unterschiedlichen Busunternehmen bereitgestellt. So unterscheiden sich die Busse in ihrer Ausstattung voneinander.

3. Der Alltag in Mexiko

Die Busse in Mexiko halten nicht nur an den offiziellen Bushaltestellen, sondern auf Wunsch auch an (fast) jeder Straßenecke. Zeigen Sie durch ein deutliches Handzeichen an, dass Sie mitfahren wollen. In Guadalajara und Mexiko gibt es neben den normalen Stadtbussen auch Luxusbusse: In Guadalajara gibt es zum Beispiel die „Linea Turquesa", zu erkennen an der türkisen Farbe des Busses und den gepolsterten Sitzen. Die Fahrt ist etwas teurer, aber bequemer.

In allen größeren Städten Mexikos werden Routenpläne verkauft, die sämtliche Busrouten aller Busunternehmen auflisten. Außerdem kann man sich für zahlreiche Städte Mexikos online eine Route mit öffentlichen Verkehrsmitteln ausgeben lassen mit Angabe der zu benutzenden Busnummern, Preisen und Dauer der Fahrt: www.buscaturuta.com

In Yucatán und Quintana Roo bringen Sie weiße Kleinbusse zu den einzelnen Ortschaften, Hotels und Sehenswürdigkeiten. Sie können an offiziellen Haltestellen zusteigen oder den Bus an einer Straßenecke um Anhalten bitten.

Metro und Metrobus

In Mexico D. F., Monterrey und Guadalajara gibt es eine Metro und den so genannten Metrobus. Beide sind normalerweise schneller als Taxi und normale Linienbusse. Die Metro, vor allem in Mexico D. F., gilt als nicht sehr sicher und ist daher vor allem am späten Abend und nachts besser zu meiden. Der Metrobus hingegen ist eine – im Vergleich zu den Linienbussen – sehr luxuriöse, bequeme und relativ sichere Variante der Fortbewegung. Die Sicherheit wird unter anderem dadurch gewährleistet, dass die Haltestellen von Sicherheitspersonal bewacht werden und videoüberwacht sind. Außerdem ist der Metrobus vor allem zur Rush-Hour schneller als andere Verkehrsmittel, da er seine eigene Spur hat, die nicht von anderen Fahrzeugen benutzt werden kann. Aus dem gleichen Grund ist er jedoch zu diesen Zeiten, wie alle anderen öffentlichen Verkehrsmittel auch, ziemlich überfüllt.

3.5 Sicherheit in Mexiko

Vor allem in jüngster Zeit berichten die Medien immer wieder von erschreckenden Vorfällen in Mexiko. Gewalttätige Überfälle und Morde haben im letzten Jahr zugenommen. Grund dafür sind heftige Auseinandersetzungen zwischen der mexikanischen Polizei und der in Mexiko weit verbreiteten Drogenmafia und zwischen einzelnen Drogenkartellen. Aufgrund zahlreicher derartiger Vorfälle gelten momentan vor allem Grenzstädte zu den USA als gefährlich. Im Herbst 2010 gab es in Monterrey mehrere Granatenanschläge sowie auch Schießereien in Acapulco. Hier ist besondere Vorsicht geboten. Von diesen Auseinandersetzungen sind Städte im Zentrum und Süden Mexikos deutlich weniger betroffen.

Generell ist Mexiko weniger sicher als das deutschsprachige Europa: Man muss stets auf seine Wertsachen achten und auch sonst gewisse Vorsichtsmaßnahmen treffen, um sich zum Beispiel gegen Raubüberfälle zu schützen.

Am besten erkundigen Sie sich vor Ort, welche Straßen und Gegenden sicher sind bzw. welche Sie vor allem im Dunkeln zu Fuß und möglicherweise auch mit dem Auto meiden sollten.

An dieser Stelle sind einige Ratschläge aufgelistet, wie Sie sich in Mexiko verhalten sollten, um sich vor eventuellen Überfällen zu schützen.

1. Suchen Sie sich eine sichere Wohngegend! Wenn Sie ein Apartment mieten, achten Sie darauf, dass Sie Nachbarn haben. Sollten Sie ein Haus mieten oder kaufen, ist es stets ratsam, eines in einem *Coto* zu suchen. *Cotos* sind eingezäunte Wohngebiete, an deren Eingang Sicherheitskräfte die hineinfahrenden und -gehenden Personen kontrollieren.
2. Wenn Sie kein Auto haben und somit auf öffentliche Verkehrsmittel angewiesen sind, achten Sie darauf, dass diese in Ihrer Wohngegend halten. Vor allem nachts ist es nicht ratsam, einsame Straßen allein entlang zu gehen.

3. Laufen Sie nachts nie allein durch einsame Gegenden! Auch befahrene Straßen können gefährlich sein. Meiden Sie daher das Zu-Fuß-Gehen nachts generell oder gehen Sie zumindest nicht allein!
4. Nachts ist auch die Nutzung öffentlicher Verkehrsmittel zu meiden. Die meisten Busse kursieren nur bis etwa 23:00 Uhr. Aber auch, wenn nach Ihrem Barbesuch um 1:00 Uhr nachts noch eine U-Bahn oder ein Bus fahren sollte, nehmen Sie besser ein Taxi!
5. Achten Sie unterwegs in Geschäften, öffentlichen Verkehrsmitteln, Märkten, öffentlichen Plätzen etc. immer auf Ihre Wertsachen! Auch in Cafés und Restaurants sollten Sie Ihre Handtasche nie aus den Augen lassen und auf keinen Fall auf den Boden stellen – dies bringt außerdem nach mexikanischem (Aber-)Glauben Unglück.
6. Stellen Sie Ihre Wertsachen, wie z. B. teure elektronische Geräte oder viel Geld, nie öffentlich zur Schau! In Mexiko-Stadt lebende Deutsche raten sogar davon ab, beim Spazieren durch die Straßen sichtbar einen MP3-Player zu tragen.
7. Lassen Sie nie einen Laptop, Kamera oder Handy im Auto (auch nicht im Kofferraum)! Man sagt, dass professionelle Diebe einen Detektor besitzen, der Akkus erkennen kann. Wollen Sie also Ihren Laptop im Auto lassen, nehmen Sie den Akku mit!
8. Stoßstangen und Verzierungen am Auto können Sie in einem *Autotaller* (Autowerkstatt) diebstahlsichern lassen. Das kostet zwar etwas Geld, kann Ihnen aber durchaus eine unangenehme Überraschung ersparen. Diese Autoteile sind beliebte Diebstahlobjekte.
9. Wenn Sie nachts allein im Auto unterwegs sind, ist es ratsam, dieses von innen zu verriegeln und nicht die Scheiben herunter zu lassen. Frauen dürfen außerdem ab 23:00 Uhr bei Rot über eine Ampel fahren. Machen Sie davon ruhig Gebrauch!
10. Halten Sie nicht an, wenn jemand scheinbar eine Autopanne hat und Hilfe braucht! Informieren Sie besser die Polizei.
11. Geben Sie nie persönliche Auskünfte über sich und Ihre Familie am Telefon – auch nicht zu „Umfragezwecken"! Seien Sie auch achtsam mit dem, was Sie flüchtigen Bekannten erzählen. Persönliche Informationen können für Entführungen genutzt werden.

12. Ein letzter und wichtiger Tipp: Haben Sie immer etwas Geld dabei, damit Sie im Falle eines Überfalls die Diebe zufrieden stellen können!

Diese Sicherheitsvorkehrungen sind Ratschläge, um eventuelle (Raub-)Überfälle zu vermeiden. Ich kenne viele Geschichten von Mexikanern und Nicht-Mexikanern, die öfter nachts durch einsame Straßen spazieren und denen noch nie etwas zugestoßen ist. Mir selbst ist in den zwei Jahren, die ich nun in Mexiko lebe, noch nie etwas geklaut worden noch bin ich überfallen worden. Seien Sie also auch nicht paranoid. Achten Sie auf Ihre Wertsachen und versuchen Sie, gefährliche Situationen zu vermeiden.

Mehr Informationen zur Sicherheitslage und Tipps zur Vermeidung von Überfällen finden Sie auf der Seite des Auswärtigen Amtes: www.auswaertiges-amt.de/DE/Laenderinformationen/00-SiHi/Mexiko Sicherheit.html?nn=332636

3.6 Medien

Die wichtigsten Medien in Mexiko sind Fernseher und Radio. Etwa 90 % der Mexikaner beziehen hierüber ihre Informationen und nur 10 % über schriftliche Medien (vgl. Auswärtiges Amt: Mexiko).

Das macht sich auch daran bemerkbar, dass man mehr Menschen fernsehen als Zeitung lesen sieht: Viele Verkäufer an Tacos- oder Maisständen haben einen kleinen Fernseher dabei, den sie vor Ort anschließen.

In Mexiko gibt es **offenes Fernsehen**, das mit einer einfachen Antenne – in jedem Elektroladen für wenig Geld zu kaufen – zu empfangen ist und je nach Region um die fünf Sender umfasst.

Um mehr Programme zu empfangen, muss man einen Vertrag mit einem privaten **Fernsehanbieter** abschließen, z. B. bei Megacable (www.megacable.com.mx), Telecable (www.telecable.com.mx) oder Sky (www.sky.com.mx). Diese Unternehmen bieten teilweise auch gleichzeitig Festnetztelefon und Internet an. Ein Paket kommt oft billiger.

Der wichtigste Fernsehsender in Mexiko ist der Privatsender TELEVISA mit einer Einschaltquote von um die 70 %, der 1950 den ersten Fernsehkanal Lateinamerikas sendete. Mittlerweile sendet das Unternehmen vier Fernsehkanäle. Der *Canal de Las Estrellas* von TELEVISA ist einer der beliebtesten Fernsehsender, da er die wichtigsten Telenovelas ausstrahlt. Er ist über Antenne zu empfangen (mehr zu den mexikanischen Telenovelas erfahren Sie in Kapitel 3.8.).

Gefolgt wird Televisa von TV AZTECA mit 30 % Markanteil, ebenfalls über Antenne zu beziehen. In TV AZTECA werden neben Telenovelas auch amerikanische Serien ausgestrahlt. Weniger populär ausgerichtet sind zum Beispiel die Kanäle CANAL 11, PROYECTO 40 und CANAL 22 mit kulturellem Programm.

Es dominieren zehn **Radiosender**, die im ganzen Land zu empfangen sind. Daneben gibt es einige staatliche Sender sowie regionale und indigene. Im Internet finden Sie unter www.mexico-radio.com eine große Auswahl an mexikanischen Radiosendern.

Die **Tageszeitungen** EL UNIVERSAL und EXCELSIOR entstanden schon zur Zeit der Revolution und haben noch heute über 150.000 Auflage. Beide stehen der Partei PRI nahe, im Gegenteil zu der jüngeren Zeitung REFORMA, die eher PAN-orientiert ist und ebenfalls auf über 120.000 Auflagen kommt. LA JORNADA ist eine regierungskritische, linke Tageszeitung, EL FINANCIERO eine unabhängige Wirtschaftszeitung.

Mehr Informationen auf der Länderseite Mexiko des Auswärtigen Amtes: www.auswaertiges-amt.de/DE/Aussenpolitik/Laender/Laenderinfos/01-Nodes_Uebersichtsseiten/Mexiko_node.html.

3.6.1 Deutschsprachige Medien in Mexiko

Falls Sie deutschsprachige Nachrichten im **Radio** hören möchten, können Sie über Ihr Radio in Mexiko vielerorts die Deutsche Welle empfangen. Die genaue Frequenz für Ihre Region können Sie unter www.dwelle.de (DW-Radio → Empfang) nachlesen.

Auch deutschsprachiges **Fernsehen**, das Deutsche Welle TV, können Sie in Mexiko empfangen. Mehr deutschsprachige Sender können Sie gegen eine monatliche Gebühr (z. B. für ein German Language Paket) unter anderem beim PayTV-Anbieter Dishnetwork kaufen. Mehr Infos unter www.dishnetwork.com.

In Mexico D. F. erscheint monatlich die mexikanisch-deutsche **Zeitschrift** *mitt*. Hier finden Sie nicht nur interessante Artikel zu unterschiedlichen aktuellen Themen in Mexiko und Deutschland, Österreich und der Schweiz, sondern auch wertvolle Adressen und Kontakte, wie zum Beispiel eine Liste der in Mexico D. F. praktizierenden deutschsprachigen Ärzte.

In Chihuahua wird monatlich die *Deutsch-mexikanische Rundschau* herausgegeben und in Durango erscheint alle zwei Wochen *Die Brücke*.

Im **Internet** können Sie deutsche Nachrichten online schauen, zum Beispiel unter www.tagesschau.de, www.tagesschau.sf.tv/ oder www.orf.at. Auch Onlineabonnements von Tages- oder Wochenzeitungen oder monatlich erscheinende Zeitschriften ermöglichen Ihnen den regelmäßigen Zugriff auf deutschsprachige Nachrichten.

3.7 Religion

Als die Spanier Anfang des 16. Jahrhunderts in Mexiko ankamen, lebten dort viele verschiedene, große und kleine Völker, die unterschiedliche Glaubensvorstellungen und Gottheiten hatten und unterschiedliche religiöse Riten vollzogen. Allen gemein war der Polytheismus.

Glaubensvorstellung vor der Eroberung

Dem Glauben der Azteken zufolge schufen der Gott Otemetecuhtli und seine Frau Omecuiatl das Universum und den Menschen. Außerdem verehrten sie den Stammesgott Huitzilopochtli, der seine Untergebenen oft zu Kriegszügen aufforderte, und den Regengott Tlaloc, der die Felder fruchtbar machte. Sie glaubten, dass der momentanen Welt vier

Weltperioden vorausgegangen waren und dass auch die gegenwärtige untergehen wird. Der Untergang kann jedoch durch Menschenopfer hinausgezögert werden. Menschen wurden außerdem geopfert, um die Götter, die wie die Menschen sterblich waren, am Leben zu erhalten und deren Gunst zu erlangen. Aus dem gleichen Grund erbrachten auch andere Zivilisationen, wie zum Beispiel die Maya, Todesopfer.

Auch sie verehrten viele Götter, der höchste unter ihnen war Itzmaná, der die Schrift erfunden haben soll. Seine Frau Ix Chel, die Mondgöttin, hatte die Macht über Heilung und Schwangerschaft.

Missionierung

Die christliche Missionierung begann 1524, als eine Gruppe von Franziskanern auf einem der Siedlerschiffe in Mexiko ankam. Ihnen folgten in den folgenden Jahren zahlreiche Kleriker verschiedener Orden. Die Ordensgemeinschaften bauten Klöster und reisten durchs ganze Land, um die Ureinwohner zum katholischen Glauben zu bekehren.

Einige Kleriker, hauptsächlich Franziskaner, führten Studien zu den religiösen Praktiken der Einheimischen durch und verfassten sogar Wörterbücher und Grammatiken über deren Sprache. Hauptziel dieser Bemühungen war es, den Ureinwohnern den christlichen Glauben besser erklären zu können. So wurde anfangs die Missionierung hauptsächlich mit Mimik und Bildern betrieben. Als die Missionare die indigenen Sprachen beherrschten, wurde Religionsunterricht eingeführt, der bald schon verpflichtend für alle Altersgruppen war.

Ein besonders einschneidendes und der Kirche dienliches Ereignis war die Erzählung eines Bauern über das Erscheinen der Jungfrau Maria 1531. Der Indigene Juan Diego Cuauhtlatoatzin erzählte von mehreren Begegnungen mit der Jungfrau dem auf dem Berg Tepeyac. Sie wies ihn an, an dieser Stelle eine Kirche zu errichten. Als der Bischof dies anzweifelte, erschien auf dem Mantel des Indios das Bildnis der Jungfrau. Eine Basilika wurde an die angewiesene Stelle gebaut. 1974 wurde eine weitere erbaut, die Platz für mehrere zehntausend Menschen bietet und bis heute ein berühmter Wallfahrtsort ist. Der Mantel mit dem Bildnis kann noch heute dort bewundert werden. Die Jungfrau wurde nach dem Ort Guadalupe, wo sie dem Bauern erschienen war, benannt. Die *Virgin Guadalupe* (Jungfrau Guadalupe) wurde von Papst Benedikt XIV. 1754 zur Schutzpatronin von Mexiko erkoren. Der 12. Dezember, Tag der Erscheinung, ist offizieller Feiertag in Mexiko.

Religion heute

Heutzutage sind knapp 90 % der Mexikaner römisch-katholisch, 6 % evangelisch, 2 % Zeugen Jehovas und 1,3 % protestantisch.

Keine der Religionen, die vor dem Antreffen der Spanier in Mexiko beheimatet waren, hat überlebt. Allerdings gibt es Praktiken, die noch heute in Verbindung mit dem katholischen Glauben Anwendung finden: Der *Día de los Muertos* (Tag der Toten) ist offizieller Feiertag in Mexiko und wird vom 31. Oktober bis 2. November (Allerseelen) gefeiert. Er geht auf alten mexikanischen Glauben zurück, demzufolge einmal im Jahr die Toten zurückkehren und mit ihren Angehörigen zusammen feiern. Zu dieser Zeit kann man überall kleine, meist lustig gestaltete Totenköpfe und Gegenstände aller Art, verziert mit Totenköpfen, käuflich erwerben.

Weitere statistische Daten zum vorherrschenden Glauben in Mexiko können auf der Website der World Value Study unter www.worldvaluesurvey.org nachgelesen werden. Unter dem Menüpunkt „Online Data Analysis" können Ergebnisse der Umfragen in zahlreichen Ländern direkt online eingesehen werden.

Interessante Informationen über Geschichte und Religion in Mexiko sind auch in folgendem Buch zu finden:

Klaus-Jörg Ruhl/Laura Ibarra García (2000): *Kleine Geschichte Mexikos – Von der Frühzeit bis zur Gegenwart.*

3.8 Telenovelas und Mariachi

Was tut ein Mexikaner, wenn die Liebste ihn verlassen hat? Ganz klar, er versucht sie mit einer *serenata* (Ständchen) zurückzuerobern. Dazu kauft er sich ein paar Musiker, die auf der Straße schon darauf warten, dass sie engagiert werden, und lässt sie vor dem Fenster der Liebsten die schönsten mexikanischen Liebeslieder des Mariachi spielen.

Dies könnte eine Szene einer Telenovela sein oder auch tatsächlich geschehen. Der Mariachi ist eine traditionelle mexikanische Musikform. Die Musikgruppe besteht meistens aus mehreren Sängern, einer oder zwei Gitarren, einem Kontrabass, eventuell einem Akkordeon, einer Geige und/oder Blasinstrumenten. Die romantischen Lieder mit ihren einfachen Rhythmen muten volkstümlich an und wirken meist aufgrund des inbrünstigen Gesangs dramatisch. Die Musiker sind fast ausschließlich Männer und tragen meistens alle die gleiche Uniform und einen Sombrero.

Alle Generationen singen die herzzerreißenden Texte zu Feiertagen, wenn auf allen Plätzen Musiker Mariachi spielen, aus voller Kehle mit.

In vielen Restaurants laufen die Mariachigruppen von Tisch zu Tisch und bieten den Gästen Ständchen an. Für besondere Anlässe kann man die Musiker bestellen. In gewissen Stadtteilen versammeln sich viele Mariachi-Gruppen abends auf den Straßen und warten darauf, engagiert zu werden.

Berühmte Mariachi-Sänger sind unter anderem der mittlerweile verstorbene Pedro Infante, José Alfredo Jímenez oder auch die Sängerinnen Lola Beltrán oder Lucha Villa, um nur ein paar zu nennen. Mehr Informationen sowie musikalische Kostproben des Mariachi finden Sie im Internet unter www.mariachi.com.mx.

Ähnlich dramatisch und typisch mexikanisch sind die Telenovelas, die eine gewisse Ähnlichkeit zu den deutschen Fernsehsoaps aufweisen, allerdings sind sie meist dramatischer. Intrigen, heimliche Liebschaften, Affären und böse Machenschaften dominieren das Geschehen in den

Telenovelas, in deren Zentrum meist ein Mann und eine Frau stehen, die einander lieben, aber nicht zueinander finden. Telenovelas werden vor allem vor- und nachmittags ausgestrahlt, da die Hauptzielgruppe Hausfrauen sind, die zu dieser Zeit die Hausarbeit erledigen und nebenbei gern fernsehen.

Die wichtigsten Telenovelas strahlt der *Canal de las Estrellas* von *Televisa* aus. Im Internet können verpasste Folgen nachträglich geschaut werden: www.televisa.com/canal-de-las-estrellas/

4. Kapitel:

LEBEN UND WOHNEN IN MEXIKO

4.1 Rund ums eigene Heim

Wenn Sie längere Zeit in Mexiko bleiben, müssen Sie zunächst entscheiden, ob Sie in einer Wohnung oder einem Haus wohnen und ob Sie mieten oder kaufen wollen. Sowohl Mieten als auch Kaufpreise sind für Häuser und Wohnungen in Mexiko im Vergleich zu Mitteleuropa extrem günstig. Zwar gibt es große Preisunterschiede je nach Wohnsitz und vor allem nach Wohnviertel – so kann zum Beispiel in Guadalajara eine 80-qm^2-große Wohnung in einem Viertel 100 € im Monat kosten und in einem anderem 400 €, generell sind aber selbst die Preise in sehr teuren Gegenden deutlich günstiger als Mietpreise in Deutschland, Österreich und der Schweiz.

In Mexiko wird nicht zwischen Warm- und Kaltmieten unterschieden. Die meisten Wohnungen verfügen nicht über eine Heizung. Der in Anzeigen oder per Telefon angegebene Preis bezieht sich meist nur auf den reinen Mietpreis. Auf den Mietpreis können Parkplatzgebühren (wenn vorhanden), Müllabfuhr und evtl. Gebäudereinigung aufgeschlagen werden. Hinzu kommen Strom-, Gas- und Wasserkosten, die jedoch extrem günstig sind. Weitere Informationen zu Strom-, Wasser- und Gaskosten finden Sie weiter hinten in diesem Kapitel.

4.1.1 Eine Wohnung mieten

Der beste Weg, in einer mexikanischen Stadt eine Wohnung zu finden, ist, sich in ein Auto zu setzen und mit offenen Augen durch die gewünschte Gegend zu fahren. Zu vermietende oder zu verkaufende Wohnungen sind deutlich mit *se renta* (zu vermieten) oder *se vende* (zu verkaufen) und einer Telefonnummer gekennzeichnet, bei der man dann sofort anrufen und sich nach dem Preis und gegebenenfalls nach einem Besichtigungstermin erkundigen kann. Manchmal wohnen die Vermieter im gleichen

Haus oder nicht weit entfernt und sind gern bereit, Ihnen die Wohnung kurzfristig zu zeigen.

Auch im Internet können Sie auf den in Kapitel 1.6 angegebenen Internetseiten zu vermietende oder zu verkaufende Wohnungen und Häuser finden.

Auch in Tageszeitungen gibt es im Kleinanzeigenteil Mietanzeigen. In *Oxxo* und *7Eleven* gibt es außerdem kostenlose Zeitungen zum Mitnehmen, in denen nur Kleinanzeigen publiziert werden.

Für das Mieten einer Wohnung oder eines Hauses verlangt der Vermieter oft einen **aval**, eine Person mit Grundbesitz, die für den Mieter bürgt. Oft wird verlangt, dass diese Person aus der gleichen Stadt kommt wie das Mietobjekt. Wenn der Mieter über längere Zeit die Miete nicht bezahlt, wird dann der Grundbesitz des *avals* belastet. Einen *aval* zu finden ist vor allem für Nichtmexikaner nicht immer einfach. Man kann einen *aval* auch „mieten"; das ist jedoch nicht ganz legal, da oft die Grundstückspapiere der Personen, die einen solchen Service anbieten, gefälscht sind. Weiterhin verlangen die Vermieter meist einen **comprobante de domicilio**, also einen Wohnnachweis. Das ist ein Nachweis über eine gezahlte Gas-, Strom- oder Wasserrechnung. Über einen solchen Nachweis verfügen Nichtmexikaner, die ihre erste Wohnung anmieten, meist nicht. Hier kann allerdings leicht Abhilfe geschaffen werden: Meist muss dieser Nachweis nicht auf den eigenen Namen ausgestellt sein. Man kann sich also einen von Bekannten oder Freunden „ausleihen".

Drittens muss für eine Mietwohnung eine **Kaution** von ein bis drei Monatsmieten hinterlegt werden.

Bei der **Wohnungsübernahme** sollten Sie darauf gefasst sein, dass die Wohnungen und zum Beispiel auch die Wände oft nicht in einem so tadellosen Zustand sind, wie wir es aus Mitteleuropa kennen. Es muss beim Auszug nicht gemalert werden. Hat die Wohnung größere Mängel wie kaputte oder beschädigte Türen, Schränke oder Fußbodenbelag, sollten Sie am besten schon bei der ersten Besichtigung freundlich darauf hinweisen. Meistens reparieren die Vermieter dann die Schäden vor Ihrem Einzug.

Treten **Schäden an der Wohnung** auf, die nicht durch Ihre Schuld entstanden sind, wie zum Beispiel undichte Fenster oder Abflüsse oder auch kaputte Wandschränke, übernimmt der Vermieter normalerweise die Kosten für die Reparatur. Rufen Sie also in solchen Fällen zunächst Ihren Vermieter an und sprechen Sie mit ihm ab, wie vorzugehen ist. Möglicherweise wird er Ihnen jemanden schicken oder er bittet Sie, jemanden zu organisieren, das Geld vorzustrecken und bei der nächsten Mietzahlung abzuziehen.

In Mexiko ist das **Untervermieten** oder **Zwischenvermieten** von Wohnungen theoretisch nicht gestattet. Wenn Sie für einige Zeit das Land verlassen müssen und Ihre möblierte Wohnung gern untervermieten möchten, können Sie dies mit Ihrem Vermieter absprechen, in der Hoffnung, dass er nichts dagegen hat, oder ihm erzählen, Bekannte würden während Ihrer Abwesenheit in der Wohnung wohnen. Dagegen ist theoretisch nichts einzuwenden. Möblierte Wohnungen sind eben wegen des Untermietverbotes sehr gefragt in Mexiko. Sichern Sie sich jedoch großzügig ab, indem Sie den Untermieter einen Vertrag unterzeichnen lassen, ein Übernahmeprotokoll anfertigen und eine Kaution verlangen.

4.1.2 Die Wohnung einrichten: Möbel und Hausrat kaufen

Möchten Sie günstige Möbel neu kaufen, sollten Sie besser nicht in ein großes Möbelhaus in der Stadt gehen! Diese sind normalerweise sehr teuer.

Kleinere Möbelläden haben zwar weniger Auswahl, sind aber oft deutlich billiger.

Außerdem gibt es manchmal Geheimtipps: So befindet sich außerhalb von Guadalajara ein kleines, unscheinbares Möbelparadies, wo die Möbelhäuser in der Stadt ihre Möbel einkaufen. Hier können Sie die gleichen Möbel zum halben Preis kaufen – mit Anlieferung. Die zahlreichen

Möbelhändler sind an der Schnellstraße Richtung Ocotlán, 42. Kilometer, zu finden. Auch in Ocotlán gibt es günstig Möbel zu kaufen.

Sollten Sie die Möglichkeit haben, eine Möbelmesse zu besuchen, nutzen Sie sie! Auch hier finden sich oft Schnäppchen und Sonderangebote.

Elektrogeräte und zum Beispiel auch Matratzen können Sie günstig in großen Supermärkten wie *Wallmart*, *Soriana* oder *Mega* erwerben. Weitere gute Anlaufstellen für den Kauf von Elektrogeräten sind zum Beispiel *Ekar de Gas* oder *Elektra*. Auch hier gibt es oft Sonderangebote.

Möchten Sie noch mehr sparen und/oder bevorzugen Sie **gebrauchte Möbel**, gibt es im Internet einige Websites, auf denen gebrauchtes Mobiliar, Elektrogeräte und anderes angeboten werden.

Auf der Internetseite www.vivastreet.com.mx finden Sie unter dem Menüpunkt *Compra –Venta (Hogar –Oficina)* günstige, aber nicht immer vertrauenswürdige Angebote. Der Vorteil hier: Man kann den Verkäufer direkt ohne Anmeldung kontaktieren, Telefonnummern austauschen, die Ware ansehen und den Preis herunterhandeln. Sie sollten sich auf jeden Fall den Artikel vorher ansehen, bevor Sie ihn kaufen – am besten einen Besichtigungstermin ausmachen und, sofern Ihnen der Artikel gefällt, gleich vor Ort bezahlen und mitnehmen. Zahlen Sie hier niemals Geld auf ein Bankkonto ein, ohne den Artikel gesehen zu haben!

Diese Website www.mercadolibre.com.mx ist ähnlich wie eBay: Es gibt Produkte zum Ersteigern und einige zum Sofortkaufen. Im Gegensatz zu *vivastreet* kann man weder handeln noch den Verkäufer persönlich, das heißt, über E-Mail oder Telefon kontaktieren. Sendet man dem Verkäufer persönliche Daten wie Telefonnummer oder E-Mail-Adresse, wird der Eintrag sofort gelöscht. Somit ist es fast unmöglich, den Artikel vor dem Kauf anzusehen. Bisher ist es noch möglich, das System zu überlisten, indem man die Telefonnummer in lateinischen Buchstaben ausgeschrieben eingibt.

Im Gegenteil zu *vivastreet* müssen Sie hier, wenn Sie einen Artikel erwerben, den festgelegten Betrag auf ein Bankkonto einzahlen. Erst dann erhalten

Sie die Kontaktinformationen, um den Artikel abzuholen. Auch wenn die Zahlungsabwicklung hier gut geregelt und weitestgehend sicher ist, ist *vivastreet* für den Kauf gebrauchter Möbel und Elektrogeräte eher zu empfehlen, da die Produkte vorher angeschaut werden können und nicht zuletzt durch die Möglichkeit zum Handeln die Preise sehr viel günstiger sind.

Gebrauchte Möbel und Elektrogeräte sind oft nicht (viel) günstiger als neue! Lassen Sie sich nicht hinters Licht führen! Möbel und Elektrogeräte sind in Mexiko günstiger als in Mitteleuropa. Fast genauso teuer sind technische Geräte wie Laptops, Computer, Handys oder Computerspiele. Teurer als in Zentraleuropa sind interessanterweise Lampen! Dennoch müssen Sie bedenken, wenn Sie Ihre Lampen aus Europa mitnehmen, brauchen Sie immer einen Stromumwandler, um sie benutzen zu können.

Auch Kosmetikprodukte internationaler Marken und vor allem Schönheitsprodukte, die in Mexiko weniger genutzt werden, wie Duschgel oder Waschgel für das Gesicht, sind teurer als in Zentraleuropa.

4.1.3 Fernsehen, Telefon und Internet

Die Auswahl an Telefon- und Internetanbietern in Mexiko ist nicht sehr groß. Es gibt einen großen Anbieter, *telcel*, und wenige (momentan noch) kleinere wie *movistar, unefon* oder *iusacell*.

Alle drei bieten ähnliche Konditionen zu ähnlichen Preisen für Festnetz und Handy, oft auch im Paket, an. Am besten fragen Sie in einem Handygeschäft nach oder erkundigen sich online über die aktuellen Angebote.

www.telcel.com
www.iusacell.com.mx
www.movistar.com.mx
www.unefon.com.mx

4. Leben und Wohnen in Mexiko

Handy

Damit Ihr Handy in Mexiko funktioniert, brauchen Sie mindestens ein Triband-Handy. Auch mit einem Handyvertrag aus Ihrer europäischen Heimat und mit den meisten Prepaidkarten können Sie in Mexiko einwandfrei telefonieren. Davon sollten Sie aus Kostengründen aber möglichst keinen Gebrauch machen. Ein Anruf aus Mexiko nach Europa kostet mit den meisten europäischen Verträgen oder Prepaidkarten mindestens 3,50 Euro pro Minute; innerhalb Mexikos ist das Telefonieren mit Ihrem Vertrag oder Ihrer Karte aus Europa noch teurer.

Es ist sinnvoll, sich zunächst eine mexikanische Prepaidkarte zu kaufen, die Sie in jedem Handyladen oder -stand günstig erwerben können. Sie kostet praktisch nichts, da man die Summe, die man bezahlt, als Guthaben gutgeschrieben bekommt. Diese Karte wird von Ihrem deutschen, österreichischen oder schweizerischen Handy problemlos akzeptiert, sofern es nicht von Ihrem Handyanbieter gesperrt ist, also nur Karten Ihres Handyanbieters erkennt. Hiermit können Sie nicht nur sehr viel günstiger innerhalb Mexikos telefonieren, auch die Anrufe nach Europa sind preiswerter. Ist Ihr Guthaben fast aufgebraucht, bekommen Sie eine Benachrichtigung.

Das Guthaben können Sie in jedem Supermarkt, *Oxxo, 7Eleven* und in vielen anderen Läden direkt aufladen oder eine Karte zum Aufladen kaufen.

Zu einem Handyvertrag kann man sich ein Handy aussuchen. Die oben genannten Telefonanbieter bieten verschiedene Verträge zu unterschiedlichen Tarifen und mit unterschiedlichen Leistungen an. Erkundigen Sie sich einfach auf der Website oder fragen Sie in den Geschäftsstellen nach! Die meisten Verträge haben eine Mindestlaufzeit von 18 Monaten.

Auch mit der Prepaidkarte haben Sie z. B. bei *telcel* nach einem Jahr „Laufzeit" Anspruch auf verschiedene Sonderleistungen. Sie können zum Beispiel bis zu fünf Freinummern wählen, die Sie kostenlos anrufen können, oder auch monatliche Freiminuten oder -SMS zur Verfügung gestellt bekommen.

Festnetz und Internet

Wie auch in der Schweiz, Deutschland oder Österreich werden Internet und Festnetz häufig in Paketen angeboten. Das Telefon ist meist im Preis inbegriffen. Das Modem und die Installation der technischen Geräte für das Internet müssen oft extra bezahlt werden.

Radiotelefonieren

Auf dem amerikanischen Kontinent gibt es eine Variante der elektronischen Kommunikation, die in Europa bisher noch nicht benutzt wird: Das Telefonieren via Radio, das ähnlich wie mit einem Funksprechgerät, einem Walkie Talkie, funktioniert. Wenn Sie ein anderes Radiotelefon anrufen, müssen Sie beim Sprechen eine Taste drücken und diese loslassen, wenn Sie fertig gesprochen haben, damit Ihr Gesprächspartner etwas sagen kann. Das funktioniert – im Gegensatz zum Walkie Talkie – über viele tausende von Kilometern Distanz hinweg.

Man kann – je nach gewähltem Vertrag – innerhalb von Mexiko oder auf dem ganzen amerikanischen Kontinent und in alle Länder auf dem Kontinent gegen Zahlung eines monatlichen Beitrages telefonieren und Kurznachrichten versenden. Das Radiotelefon hat außerdem eine Festnetznummer, sodass es von Dritten, die kein Radiotelefon besitzen, günstig angerufen werden kann. Gegen einen Aufpreis kann man damit auch ins Festnetz und aufs Handy telefonieren.

Für das Radiotelefonieren muss ein Vertrag abgeschlossen werden.

Das Monopol der Radiotelefonie hat derzeit der Anbieter *Nextel* (www.nextel.com.mx).

Es gibt viele verschiedene Modelle zum Radiotelefonieren, unter anderem von Motorola oder Blackberry. Bei Vertragsabschluss erhalten Sie kostenlos oder für einen kleinen Aufpreis ein Gerät.

4.1.4 Gas, Strom und Wasser

In Mexiko wird nicht wie in Deutschland, Österreich oder der Schweiz eine Pauschale festgelegt, die monatlich für Wasser, Strom und Gas zu bezahlen ist.

Strom und Wasser

Stattdessen bekommen Sie für Wasser und Strom alle zwei Monate eine Rechnung mit dem tatsächlichen Verbrauch und den daraus entstehenden Kosten per Post zugeschickt.

Sollten Sie in einem Mehrfamilienhaus wohnen, teilen Sie sich möglicherweise einen Briefkasten mit den anderen Mietern des Hauses. Es ist möglich, dass die Rechnungen nicht auf Ihren Namen ausgeschrieben sind, sondern auf den eines Vormieters oder des Vermieters. Orientieren Sie sich an der Apartmentnummer und lassen Sie sich auch dann nicht irritieren, wenn die Namen von der Wasser- und Stromrechnung nicht übereinstimmen! Das kann vorkommen. Die Rechnungen haben keinen Umschlag und sind auch sonst in keiner Weise verschlossen.

Da in Mexiko Strom und Wasser verstaatlicht sind, gibt es nur einen Strom- und Wasseranbieter.

Mehr Informationen zur Stromversorgung in Mexiko:
www.cfe.gob.mx/

Mehr Informationen zur Wasserversorgung in Mexiko:
www.cna.gob.mx/
www.sacm.df.gob.mx (in Mexico D. F.)

Stromkosten werden für alle wenig verbrauchenden Haushalte vom Staat zu 50 % bis 75 % subventioniert, sodass sie auch für die ärmere Bevölkerung bezahlbar sind. Auch das Wasser ist sehr günstig. Daher sind die Strom- und Wasserrechnungen meist sehr gering. Für einen Einpersonenhaushalt zahlt man im Durchschnitt 100 pesos (etwa 6 €) für Wasser und 60 pesos (etwa 3,60 €) für Strom im Monat. Diese Subventionierung erhalten Sie nur, wenn Sie weniger als eine Maximalmenge an

Strom (z. B. 500 kWh/2 Monate für Oaxaca) verbrauchen. Verbrauchen Sie sechs Monate lang mehr als diese Menge, wird die Unterstützung durch die Regierung gestrichen und der Preis pro kWh steigt an.

Wie bzw. wo bezahlt man die Rechnungen?

Ihre Strom- und Wasserrechnung können Sie in jedem *Oxxo, 7Eleven, Soriana, Oblatos, Caja Popular* und in sämtlichen Banken bis drei Tage vor Ablauf der Zahlfrist bezahlen (die Einrichtungen sind unten auf der Wasserrechnung einzeln aufgeführt). Sollten Sie die Zahlfrist überschreiten, können Sie die Rechnung direkt bei den Wasser- oder Stromwerken bezahlen.

Die Adressen sind auf den oben angegebenen Internetseiten oder auf www.seccionamarilla.com.mx zu finden.

Sie können auch die nächste Rechnung abwarten, auf der Ihnen dann der nicht bezahlte Betrag aus der vorhergehenden Rechnung berechnet wird. Bei der Stromrechnung sollten Sie jedoch darauf gefasst sein, dass Ihnen möglicherweise der Strom abgestellt wird, wenn Sie eine oder vor allem mehrere Rechnungen nicht bezahlen. Diesen wieder anzustellen, kostet eine Gebühr von 80 pesos (circa 4,80 €) und vor allem Zeit und Nerven. Wasser wird bei ausbleibender Zahlung nicht abgestellt.

Gas

Gas kommt in Mexiko nicht aus Gasleitungen im Boden, sondern es wird in Behältern auf oder vor dem Wohnhaus aufbewahrt und von dort aus konsumiert. Es gibt zwei Möglichkeiten der Gasaufbewahrung: *en cilindro* (im Zylinder) oder *estacionario* (stationär). Stationär heißt, dass Sie über einen Behälter verfügen, der regelmäßig mit Gas aufgefüllt wird. Die Gaszylinder hingegen müssen, wenn sie leer sind, komplett ausgetauscht werden. Beides kostet etwa gleich viel.

Gas können Sie im ganzen Land online oder kostenlos per Telefon bestellen bei:
www.grupozeta.com
Tel: 01800 011 93 82

Die Lieferung erfolgt normalerweise relativ schnell. In Guadalajara soll das Gas theoretisch innerhalb von zwei Stunden geliefert werden. Praktisch klappt das leider nicht immer.

Weitere Gaszulieferer finden Sie in www.seccionamarilla.com, Stichwort: *Gas Combustible*.

4.2 Visum beantragen

Für die Beantragung eines Visums in Mexiko braucht man vor allem zwei Dinge: Geduld und Zeit. Sollten Sie über eines von beiden nicht verfügen, können Sie einen Vermittler beauftragen, der Ihnen den bürokratischen Aufwand und vermutlich auch die Wartezeit erheblich verkleinert – solche Vermittler kosten allerdings Geld.

Ich persönlich hatte fünf Mal das Vergnügen, im überfüllten Migrationsamt in Guadalajara zwei bis drei Stunden zu warten, bevor ich endlich mein Arbeitsvisum überreicht bekam. In Mexiko-Stadt sind die Wartezeiten noch länger, in kleineren Städten oft kürzer.

Es gibt zwei verschiedene Arten von Visa:

FM2 *(Documento Migratorio de Inmigrante)*, das Migrationsdokument für Einwanderer, beantragen Sie, wenn Sie vorhaben, dauerhaft in Mexiko zu bleiben und die mexikanische Staatsbürgerschaft erlangen wollen. Nach fünf Jahren können Sie die mexikanische Staatsbürgerschaft beantragen.

FM3 *(Documento Migratorio de No Inmigrante)*, das Migrationsdokument für Nicht-Einwanderer, beantragen Sie, wenn Sie länger als 180 Tage in Mexiko bleiben wollen, aber nicht den Einwandererstatus erlangen wollen. Dieses Visum ist für Studenten, Arbeitnehmer oder Rentner.

Je vollständiger die Unterlagen von Anfang an eingereicht werden, desto schneller wird der Antrag bearbeitet und desto weniger Amtsgänge sind nötig.

4.2 Visum beantragen

Zur Beantragung eines Arbeitsvisums brauchen Sie Folgendes:

1. den Arbeitsvertrag
2. Anschreiben vom Arbeitgeber bzw. einer stellvertretenden Person mit Kopie des Ausweises dieser Person
3. Zertifikat/Diplom/Zeugnis oder Ähnliches, das Ihre Fähigkeiten zur Ausübung der Tätigkeit bestätigt
4. Überweisung von (derzeit) 491 Mex$ für die Bearbeitung des Visumsantrages. Der Vordruck für die Überweisung sowie eine aktuelle Übersicht über die für den Antrag notwendigen Dokumente kann im Migrationsamt an der Rezeption – fast ohne Wartezeit – abgeholt werden.
5. Kopie des gesamten Passes, das heißt alle Seiten, auch die ohne Stempel und Einband, einmal kopieren.
6. Kopie und Original des Touristenvisums oder vorhergehenden Visums
7. Online-Antrag auf Ausstellung des Visums ausfüllen (www.inm.gob.mx, Menüführung: *Tramites Migratorios – Permisos y otros trámites – Expedición y Reposición de Formas Migratorias*)
8. *Comprobante de domicilio* (Wohnnachweis), das heißt Strom-, Telefon- oder Gasrechnung, um nachzuweisen, dass Sie einen Wohnsitz in Mexiko haben. Dieser muss nicht auf den eigenen Namen ausgeschrieben sein. Sie können sich also auch eine Rechnung von einem Bekannten „ausborgen".
9. Mietvertrag. Wenn Sie keinen eigenen Mietvertrag haben, bitten Sie den Vermieter um ein ähnliches Schreiben sowie eine Kopie seines Ausweises (*IFE*). Dies ist nicht nötig, wenn Sie einen Mietvertrag auf Ihren Namen haben.
10. Ein selbst verfasstes Anschreiben mit der Begründung, warum Sie das Visum beantragen und was für Ziele Sie mit Ihrem Aufenthalt in Mexiko verfolgen.
11. Passfotos, Größe: *infantil* (etwas kleiner als europäische Passfotogröße), von vorn und von der rechten (!) Seite fotografiert.

Das Allerwichtigste: von jedem Dokument mindestens drei Kopien machen (mit Ausnahme des gesamten Passes)!

Haben Sie all diese Dokumente mit ausreichenden Kopien eingereicht, werden sie zunächst überprüft, was einige Wochen dauern kann. Dann werden Sie um eine Zahlung von (derzeit) 2.102 Mex$ zur Ausstellung des Visums gebeten. Ist diese eingegangen und auch sonst alles vollständig, müssen Sie höchstens noch zwei Mal zum Migrationsamt: einmal um ein abschließendes Dokument auszufüllen mit den Daten, die auf dem Visum erscheinen werden, und ein letztes Mal, um das Visum abzuholen. Zum vorletzten Mal sollten Sie spätestens Passfotos (Größe: *infantil*, einiges kleiner als normale Passfotos) mitbringen. Es werden zwei Fotos von vorn und eins von der Seite (rechte Seite!) gebraucht. Bringen Sie jedoch zur Sicherheit mindestens drei von jedem mit. Die Fotos müssen im Fotostudio gemacht werden, ohne Ohrringe, ohne Brille und mit freier Stirn und Ohren.

Weitere Informationen zum Visumsantrag finden Sie unter www.sre.gob.mx/ayuda/faqvisas.htm.

4.3 Ein Konto eröffnen

Die Banken in Mexiko

In Mexiko gibt es viele verschiedene Bankinstitute. Internationale Banken, die in Mexiko vertreten sind, sind zum Beispiel Santander, HSBC und Scotiabank. Bei den meisten internationalen Banken können Sie mit einer Girokontokarte dieser Geldinstitute an allen Geldautomaten der entsprechenden Bank in Europa und der ganzen Welt kostenlos Bargeld abheben.

Die meisten großen Banken sind von Montag bis Freitag von 8:30 oder 9:00 bis 16:00 Uhr geöffnet, einige öffnen auch samstags. Kleinere Banken sind oft nur bis 13:00 Uhr geöffnet.

Geldautomaten sind jederzeit zugänglich und es gibt sie nicht nur in den Bankfilialen: Auch in den Lebensmittelläden *7Eleven*, in fast allen Supermärkten und oft in Apotheken gibt es Geldautomaten verschiedener Banken.

Das Abheben von Geld an einem Geldautomat einer fremden Bank kostet – wie in Europa auch – Gebühren. Diese bewegen sich normalerweise um die 50 pesos.

Ein Bankkonto eröffnen

Um ein Bankkonto zu eröffnen, brauchen Sie als Nichtmexikaner Ihren Pass, Ihr Visum (FM3!) und ein *comprobante de domicilio* (Wohnungsnachweis, also Gas-, Strom-, oder Wasserrechnung). Mit einem Touristenvisum kann man kein Konto eröffnen und meistens auch nicht mit einem FM2!

Der Prozess ist relativ unkompliziert. Innerhalb einer Woche können Sie die bestellte Bankkarte bei der Filiale abholen.

Wie in Deutschland, Österreich und der Schweiz auch bieten die Banken unterschiedliche Kontomodelle an. Es gibt sowohl Konten mit kostenloser Kontoführung als auch Konten, die monatlich Gebühren kosten, dafür aber mehr Zinsen bringen oder gewisse Serviceleistungen enthalten wie Onlinebanking oder Diebstahlschutz.

Bei manchen Konten muss immer ein Mindestbetrag (z. B. 500 oder 1000 pesos) auf dem Konto sein. Hebt man über diese Summe hinaus ab, muss man „Überziehungsgebühren" zahlen.

Um eine Kreditkarte zu bekommen, muss ein Einkommensnachweis oder etwas Vergleichbares vorgelegt werden.

4.4 Kommunikation nach Europa

4.4.1 Via Telefon und Internet

Die preisgünstigste Variante, von Mexiko nach Europa zu telefonieren bzw. zu videozutelefonieren, ist via **Skype**.

Mit Skype kann man von jedem Computer aus mit jedem anderen Computer telefonieren – Voraussetzung ist eine Internetverbindung. Wenn Sie über eine Kamera verfügen, können Sie über Skype auch kostenlos videotelefonieren. Herunterladen kann man das Programm kostenlos unter www.skype.de.

Sie können auch Guthaben auf das Skypekonto laden und damit sehr preisgünstig ins Festnetz und auf Handys in aller Welt telefonieren. Ein Anruf ins deutsche, österreichische oder schweizerische Festnetz kostet 2,2 Cent pro Minute, auf ein deutsches Handy 23,6 Cent pro Minute. Es besteht auch die Möglichkeit, einen monatlichen Festpreis zu bezahlen und kostenlos in das Land zu telefonieren, das bei Eröffnung des Skypeaccounts als Heimatland angegeben wurde.

Man kann sich auch eine deutsche Festnetznummer für seinen Skypeaccount kaufen. Haben Sie so eine Festnetznummer für Ihren Skypeaccount, können Sie Verwandte und Freunde von einem normalen Telefon auf Ihren Computer anrufen – zu normalen deutschen Festnetzpreisen.

Informieren Sie sich einfach auf der Internetseite über die derzeitigen Angebote von Skype.

Vorwahl für Anrufe nach Deutschland: 0049 und dann die erste 0 von der örtlichen Vorwahl weglassen (z. B. 004930xxx für Berlin)
Vorwahl für Anrufe in die Schweiz: 0041
Vorwahl für Anrufe nach Österreich: 0043
Vorwahl für Anrufe nach Mexiko: 0052 + *lada* (Ortsvorwahl) + Telefonnummer

Die Telefonvorwahlen aller Städte in Mexiko finden Sie auf der Homepage der Telefongesellschaft Telmex: www.telmex.com/mx/hogar/telefonia/lada-claves.jsp

Wenn Sie ein mexikanisches Handy anrufen, müssen Sie zwischen der Ortsvorwahl und der Telefonnummer zusätzlich eine 1 wählen.

4.4.2 Auf dem Postweg

Der Versand eines Pakets von bis zu 5 kg (Maße: bis 120 x 60 x 60 cm) kostet bei DHL im Normalversand derzeit 40 Euro. Erfahrungsgemäß dauert der Versand jedoch ein bis drei Wochen. Der Premiumversand bei DHL (Zustellung innerhalb von drei Tagen) kostet allerdings über das Doppelte und auch andere Anbieter, wie zum Beispiel Fedex oder UPS, sind etliches teurer.

Der Versand von Paketen von Mexiko nach Europa kostet in etwa das gleiche wie andersherum. Die im Internet angegeben Preise sind jedoch meist höher als die tatsächlichen.

Das Versenden eines mittelgroßen Pakets mit einem Gewicht von 4,5 kg von Mexiko nach Deutschland kostet mit DHL, Fedex und UPS um die 1000 pesos und dauert etwa zwei Tage. Mit Fedex Economy kostet der Versand etwas weniger, dauert aber circa eine Woche.

4.5 Einkaufen

Ein mexikanischer Supermarkt sieht nicht viel anders aus als ein Supermarkt in der Schweiz, in Österreich oder in Deutschland. Allerdings gibt es zahlreiche Produkte, die Sie im deutschsprachigen Europa in keinem Supermarkt kaufen könnten.

4.5.1 Supermärkte und andere Lebensmittelläden

In Mexiko gibt es zahlreiche große Supermarktketten – zum Beispiel *Soriana, Walmart* oder *Mega*. Hier erledigt die Mehrheit der Mexikaner, vor allem am Wochenende, ihre Einkäufe. Die meisten Supermärkte sind sieben Tage die Woche von früh um 8:00 oder 9:00 Uhr bis abends um 22:00 oder 23:00 Uhr geöffnet. Es gibt auch etliche Supermärkte, die 24 Stunden geöffnet sind. Die meisten Supermärkte verkaufen neben Lebensmitteln auch Spielsachen, Elektrowaren, Haushaltsgeräte, Kleidung, Möbel und anderes. Vor besonderen Anlässen, zum Beispiel vor Weihnachten, bauen einige Supermärkte vor ihrem Gebäude noch eine weitere Verkaufshalle auf, wo sie zum Beispiel ausschließlich Weihnachtsgeschenke verkaufen.

Einige Supermärkte, wie zum Beispiel *Soriana*, betreiben Filialen, wo nur Lebensmittel angeboten werden (*Soriana Super*), und andere, wo alles angeboten wird (*Soriana*).

Die Lebensmittel in Supermärkten sind nicht immer günstiger als solche, die in kleineren Lebensmittelläden verkauft werden, die in den meisten Städten deutlich zahlreicher und vor allem flächendeckender vorzufinden sind. In den kleinen Einkaufsläden kann man die notwendigsten Lebensmittel und Haushaltswaren kaufen. Manchmal wird auch Essen dort gekocht und verkauft. Einige Lebensmittelgeschäfte bieten auch einen Lieferservice an – das heißt, Sie können Ihr Essen und/oder Ihren Einkauf telefonisch bestellen und nach Hause geliefert bekommen.

Neben den vielen privaten Einkaufsläden gibt es auch zwei große Ketten, die in jeder größeren Stadt in Mexiko Filialen haben: *7Eleven*, eine amerikanische Firma, und *Oxxo*, die mexikanische Variante. Beide haben das gleiche Konzept, meist die gleiche Größe und ein ähnliches Angebot. Wie in den kleinen, privaten Lebensmittelläden werden auch hier die wichtigsten Lebensmittel und Haushaltswaren verkauft sowie u. a. Handykarten, Alkohol und frischer Kaffee. Viele Filialen sind 24 Stunden geöffnet. Ab einer späten Uhrzeit wird oft, wie auch an deutschen Tankstellen, durch ein kleines Glasfenster bedient. In einigen Bundesländern ist der Verkauf von Alkohol ab 23:00 oder 24.00 Uhr untersagt.

4.5.2 Einkaufszentren

Friseure, Kinos, Parfümerien, Casinos, Imbisse, Elektroläden, Supermärkte, Cafés, Modegeschäfte und viele andere Dienstleistungsanbieter und Geschäfte sind in Mexiko alle an einem Ort zu finden: in einem *plaza*[1]. Diese riesigen Einkaufszentren ähneln den amerikanischen Malls.

---

[1] *Plaza* heißt übersetzt in erster Linie „Platz". Allerdings wird der Begriff in Mexiko auch für „Einkaufszentrum" benutzt. Meist kann man jedoch am kompletten Namen erkennen, was gemeint ist. *Plaza de la* oder *del* ist oft die Bezeichnung für einen Platz: So sind *Plaza de la Libertad* oder *Plaza de la Patria* berühmte Plätze, während *Plaza Patria* oder *Plaza Mexico* Einkaufszentren bezeichnen. Allerdings ist *Plaza del Sol* auch ein Einkaufszentrum. Die Regel passt also nicht immer.

Die meisten Filialen internationaler und nationaler Marken sind in solchen Einkaufszentren angesiedelt. Nur selten findet man ein Geschäft einer namhaften Kette außerhalb derartiger Zentren.

Manchmal werden in den Einkaufszentren Attraktionen für Kinder, wie Hüpfburgen, Back- oder Kochwerkstätten, Achterbahnen oder andere Vergnügungselemente aufgebaut.

4.5.3 Märkte

Tianguis – so werden die Märkte in Mexiko genannt. Sie werden einmal oder mehrmals pro Woche auf bestimmten freien Flächen aufgebaut oder sind permanent in riesigen Hallen angesiedelt, wie zum Beispiel der mehrstöckige Markt *San Juan de Díos* in Guadalajara. Der größte *tianguis* in Lateinamerika, der *tianguis de San Martín Texmelucan* in Puebla, hat sowohl überdachte Stände in Hallen als auch Verkaufsstände unter freiem Himmel.

Die meisten Märkte sind jedoch unter freiem Himmel und finden nur ein oder zwei Tage die Woche statt, meist am Wochenende wie zum Beispiel *Tianguis de Oro* in Mexico D. F.

Es gibt einige spezifische Märkte, wie der bei Touristen sehr beliebte *tianguis artesanal* in Pátzcuaro, wo hauptsächlich Kunsthandwerk verkauft wird, oder der *tianguis del automovil* in Monterrey, wo gebrauchte und neue Autos zum Verkauf ausgestellt werden.

Natürlich gibt es zahlreiche Wochenmärkte, auf denen Lebensmittel wie Obst, Gemüse, Fleisch und Fisch verkauft werden. Fisch und Fleisch werden oft unter fraglichen hygienischen Bedingungen den ganzen Tag ohne Kühlung auf dem Markt gelagert. Oft wird auch zubereitetes Essen wie *tacos, hamburguesas* oder Eis auf den *tianguis* angeboten. Auch hier ist aus hygienischen Gründen Vorsicht geboten.

Außerdem gibt es zahlreiche Märkte, auf denen man schlichtweg alles finden kann, wie der anfangs erwähnte *San Juan de Díos* in Guadalajara oder der *tianguis de San Martín Texmelucan* in Puebla. Neben Nahrungsmitteln und Kunsthandwerk finden Sie hier Piraterieprodukte aller Art wie gebrannte CDs und DVDs, gefälschte Markenkleidung, -schuhe und -taschen und vieles mehr (mehr zur Piraterie in Mexiko finden Sie in Kapitel 10.4.).

Informationen über die rechtlichen Rahmenbedingungen, die für Tianguis gelten, sowie eine Übersicht über die Probleme, die solche Märkte mit sich bringen wie Müllentsorgung, Hygiene und Stabilität der Stände gibt die private Homepage http://tianguis-df.blogspot.com/.

4.5.4 Preise verhandeln

Auf Märkten in Mexiko wird gehandelt. Die Händler verkaufen ihre Waren an Touristen meist sehr viel teurer als an Einheimische, besonders in touristischen Gegenden. Der Preis für Nicht-Mexikaner kann mehr als das Doppelte höher sein als für Mexikaner.

Wenn Ihnen die Ware zu teuer erscheint, können Sie handeln – Sie müssen aber nicht! Mexikaner sind sehr froh, wenn sie ihre Produkte überteuert verkaufen können, und es gehört keinesfalls zur Routine zu verhandeln.

Wenn Sie handeln wollen, sollten Sie nicht allzu interessiert an dem Artikel scheinen und unschlüssig wirken. Bieten Sie dem Händler einen sehr viel niedrigeren Preis – bis zur Hälfte des genannten. Stimmt der Verkäufer sofort zu, ist der Preis immer noch deutlich zu hoch. Wahrscheinlicher jedoch ist, dass er Ihnen eine Geschichte erzählen wird, zum Beispiel, wie viel Arbeit es mache, diese Ware herzustellen, und dass er sie Ihnen schon zum Einkaufspreis verkaufe. Nähern Sie sich dann schrittweise mit Ihren Angeboten dem ursprünglichen Preis an und versuchen Sie, einen Preis in der Mitte auszuhandeln, der für beide Seiten akzeptabel ist. Es ist oft besonders hilfreich, wenn Sie sich von dem Stand entfernen mit der Bemerkung, Sie denken noch einmal darüber nach (*Lo voy a pensar.*) oder dass es Ihnen doch deutlich zu teuer ist (*Es demasiado caro.*). Oft lassen sich die Verkäufer – aus Angst davor, den Kunden ganz zu verlieren – dann auf den genannten Preis ein.

Angemessen ist auch, dem Verkäufer einen Sonderpreis vorzuschlagen, wenn Sie von einer Ware mehrere Stück kaufen.

Versuchen Sie nicht, in Lebensmittel- oder anderen Geschäften Preise zu verhandeln!

4.6 Freizeitbeschäftigungen

Im Prinzip gibt es in Mexiko die gleichen Freizeitangebote wie in Zentraleuropa: Musikschulen, Sportmannschaften, Fitnesscenter, kirchliche Jugendgruppen und vieles mehr. Generell gibt das Internet eher weniger allgemeine Informationen zu Freizeitaktivitäten. Wenn Sie wissen, was Sie suchen, können Sie sich auf den Gelben Seiten (www.seccionamarilla.com.mx) erkundigen. Ansonsten können Sie sich zum Beispiel nach Aushängen in Ihrer Umgebung, die auf Freizeitangebote, Kurse oder Veranstaltungen hinweisen, umschauen.

4.6.1 Sport

Fitness

Obwohl oder vielleicht gerade weil Mexiko an zweiter Stelle im Landesranking mit der höchsten Fettleibigkeitsquote steht (hinter den USA), gibt es unzählige Fitnessstudios. Von kleinen, sehr günstigen Fitnessräumen mit wenigen Geräten bis hin zu riesigen, modernen Fitnessstudios ist hier alles zu finden. Es gibt auch Fitnessstudios nur für Frauen.

Die meisten Studios erheben eine Einschreibegebühr und monatlich, halb- oder ganzjährig müssen Gebühren bezahlt werden. In einigen Fitnessstudios kann man auch pro Besuch bezahlen. In diesem Fall entfällt die Anmeldegebühr. Außerdem können Sie in fast allen Fitnessstudios einen Probetag nehmen. Größere Fitnessstudios sind häufig in *Plazas* (Einkaufszentren) zu finden.

Weitere in Mexiko beliebte Fitnesssportarten sind Boxen, Aerobic, Rudern (auch ohne Wasser), Spinning (Fahrradfahren) und Schwimmen. Einige dieser Aktivitäten werden auch als Kurse in Fitnesscentern angeboten.

Geheimtipp: In Guadalajara gibt es am Rande der Stadt (hinter dem Zoo) eine riesige, grüne Schlucht, die ein wunderschönes, grünes Tal mit zwei Flüssen bildet. In der Regenzeit gibt es hier einige Wasserfälle. Diese Schlucht ist nicht nur ein schönes Ausflugsziel, sondern kann auch für sportliche Zwecke genutzt werden. Viele Mexikaner machen hier täglich Sport, indem Sie entlang eines gut ausgebauten Weges den Abhang hinunter- und wieder hinauflaufen. Eine gute Gelegenheit, um frische, saubere Luft zu atmen und etwas für die Gesundheit zu tun!

Durch den Menschenandrang, vor allem am Wochenende, ist die Gegend relativ sicher. Manchmal gibt es sogar Sicherheitskräfte, die den Weg überwachen. Dennoch sollten Sie es vermeiden, nach Einbruch der Dunkelheit, vor allem allein, noch dort unterwegs zu sein.

Mannschaftssport

In den meisten größeren Städten Mexikos bilden sich ständig neue private und öffentliche Mannschaften aller möglichen Sportarten. Fragen Sie am besten Freunde oder Bekannte um Rat!

In Mexiko beliebte Mannschaftssportarten sind Fußball, Basketball, American Football und Volleyball. In vielen öffentlichen Parks kann man auch am Wochenende auf den Fuß- und Basketballfeldern gegen und mit anderen spielen.

Tennis und Golf

Diese beiden Sportarten sind auch in Mexiko aufgrund der hohen damit verbundenen Kosten nur einem kleinen, wohlhabenden Personenkreis zugänglich. Um in Mexiko Golf zu spielen, müssen Sie Mitglied in einem Club sein. Häufig gibt es auch in Luxushotels Golfanlagen. In Mexico D. F.

und Guadalajara gibt es viele Golfclubs, in die Sie gegen das Bezahlen einer Clubmitgliedschaft eintreten können.

Einige Tennisplätze können auch ohne Clubmitgliedschaft genutzt werden, dennoch sind die meisten für Clubmitglieder reserviert.

4.6.2 Musizieren

In Mexiko gibt es zahlreiche Musikschulen, an denen gegen eine Einschreibegebühr und einen monatlichen Betrag das Spielen verschiedener Instrumente oder Gesang erlernt werden kann. Die Preise für Musikunterricht variieren je nach Bundesland und Niveau der Schule. Sie liegen jedoch generell unter den in Mitteleuropa üblichen Preisen.

Um eine Musikschule in Ihrer Stadt zu finden, suchen Sie am besten in den Gelben Seiten: www.seccionamarilla.com.mx.

Können Sie bereits ein Instrument spielen oder haben ein Talent zum Singen und suchen eine Band, eine Musikgruppe oder einen Chor, können Sie eventuell unter www.vivastreet.com.mx fündig werden. Geben Sie den Bundesstaat ein, in dem Sie leben, und suchen Sie unter *comunidad – músicos/grupos musicales*.

4.6.3 Yoga und andere spirituelle Angebote

Die Einwohner Mexikos sind sehr religiös und vor allem sehr spirituell. Es gibt zahlreiche Angebote an alternativen und spirituellen Heilmethoden und meditativen Kursen.

Wöchentliche Yogakurse sind meist nicht teuer: In Guadalajara und Mexico D. F. kostet ein Kurs mit 4 Stunden pro Woche derzeit um die 600 pesos. Auch intensive Wochenendkurse werden angeboten, so genannte *retiros* (wörtlich: Rückzug oder Abgeschiedenheit).

Informationen über Yoga, Schulen und Kurse im ganzen Land finden Sie unter www.yoga.com.mx.

4.6.4 Ausgehen in Mexiko

Ausgehtipps und aktuelle Informationen über besondere Events und Konzerte finden Sie jeden Freitag in dem Zeitungsteil *ocio* der Tageszeitung *Público* oder im Internet unter www.ocioenlinea.com.

Kino, Konzerte und Theater

Kino

In Mexiko gibt es nur wenige große Kinokonzerne. Diese sind sehr gut ausgestattet mit 3D- und VIP-Sälen und strahlen die neuesten Filme aus. Tickets können online gekauft werden. Häufig sind die Filme in englischer Sprache mit spanischen Untertiteln. Der größte Kinokonzern ist Cinepolis (www.cinepolis.com.mx).

Weitere große Kinos, in denen aktuelle Kinofilme ausgestrahlt werden, sind Cinemex (www.cinemex.com.mx) und Cinemark (www.cinemark.com.mx). In den meisten größeren Städten gibt es außerdem kleinere Kinos, die ältere, häufig alternative Filme anbieten.

Konzerte und Theater

Alle Informationen zu Konzerten, Theater und sonstigen kulturellen Angeboten im ganzen Land können unter www.ticketmaster.com.mx nachgelesen werden. Hier kann man geplante Events und Tourpläne einsehen und auch online Tickets dafür kaufen.

Zoos und Freizeitparks

Zoos und Safariparks

Eine besondere Attraktion ist der Safaripark in Puebla bei Mexico D. F. Hier können Sie bei einer Rundfahrt im eigenen Auto oder im Safaribus Wüsten- und Steppenbewohner wie Giraffen, Löwen oder Affen in freier Wildbahn erleben. Weitere Informationen finden Sie unter www.africamsafari.com.mx.

In der Nähe von Monterrey gibt es einen großen Zoo mit vielen verschiedenen Tierarten und Attraktionen wie einem Streichelzoo, Tretbooten,

4.6 Freizeitbeschäftigungen

Kletterwand und vieles mehr sowie einer Safaritour. Mehr Informationen unter http://bioparquemonterrey.mx.

In Morelos lädt der Zoofari zu einer besonderen Safarierfahrung ein: Hier können Sie sich den Zoo auch von oben, von einer Zipline aus ansehen, oder von einem Lama, Dromedar oder Pony aus. Weitere Informationen unter www.zoofari.com.mx.

Auch in Guadalajara ist der städtische Zoo mit Blick auf die *barranca* (Schlucht), die im Nordosten an Guadalajara grenzt, bei den Einheimischen ein beliebtes Ausflugsziel. Der Park ist sehr weitläufig und kann auch mit einer Eisenbahn durchquert werden. Ein abgetrennter kleiner Safaribereich bietet die Möglichkeit, aus dem Safaribus heraus Giraffen zu füttern. Auch ein extra Aquarium gibt es. Für beides muss am Eingang des Zoos extra Eintritt bezahlt werden. Weitere Infos unter www.zooguadalajara.com.mx.

Freizeitparks

Direkt neben dem Zoo in Guadalajara liegt ein kleiner Freizeitpark, *La Selva Mágica* (der magische Urwald) mit Achterbahnen, zahlreichen Karussellen, Rutschen und vielen anderen Attraktionen für Kinder und Erwachsene. Es gibt einen Sonderpreis für den Eintritt in Zoo und Freizeitpark. Am Wochenende und an Feiertagen ist in der *Selva Mágica* an den einzelnen Attraktionen unter Umständen mit einer Wartezeit von über einer Stunde zu rechnen. Weitere Informationen unter www.selvamagica.com.mx.

Einen großen Vergnügungspark gibt es auch in Nuevo León in der Nähe von Monterrey, den *Bosque Mágico* (www.bosquemagico.com).

Schwimmbäder und Wasserparks

An der Karibikküste gibt es einige riesige Parks direkt am Meer mit zahlreichen natürlichen Attraktionen wie romantische Buchten oder unterirdische Grotten. Meist muss hier eine Übernachtung für ein oder mehrere Nächte gebucht werden. Die zwei bekanntesten Parks an der Karibikküste sind Xel-Há (www.xelha.com) und Xplor (www.xcaret.net). Neben diesen gibt es zahlreiche Parks mit künstlichen Attraktionen wie

Rutschen und Wasserbecken wie zum Beispiel Aquaventuras in Puerto Vallarta (www.aquaventuras.com).

Außerdem gibt es im ganzen Land zahlreiche Wasserparks, die meist unter freiem Himmel mit großen und kleinen Rutschen und anderen nassen Attraktionen locken. Mehrere solcher Parks befinden sich in Jalisco (z. B. www.corralgrande.net, www.chimulco.com.mx oder www.aquasplash.com).

Eine Übersicht über zahlreiche Zoos, Freizeitparks, Aquaparks und vieles mehr in ganz Mexiko bietet die Website www.turismoafondo.com/parques-de-diversiones/Mexico.asp.

Diskotheken

Meistens beginnen sich die Diskotheken in Mexiko erst nach 24:00 Uhr, manchmal auch erst nach 1:00 Uhr zu füllen. Manche Lokalitäten locken mit freien Drinks oder freiem Eintritt – wenn man zum Beispiel vor 11:00 Uhr eintrifft.

Einige Diskotheken in Mexiko verlangen keinen Eintritt, andere können 50 bis 150 pesos kosten. Minderjährigen ist generell der Eintritt verwehrt, an den Eingängen in schickeren Lokalitäten werden oft die Ausweise kontrolliert. Auch Taschenkontrollen können durchgeführt werden.

In einigen Diskotheken kann man einen Tisch reservieren. Haben Sie einen Tisch, können Sie (hochprozentigen) Alkohol in Flaschen, Wein oder Bier und/oder Erfrischungsgetränke und Eiswürfel an den Tisch bestellen. Da der Alkohol in Gläsern auch in Mexiko in den Diskotheken deutlich teurer ist als in Bars, ist dies eine recht preiswerte Variante.

Etliche Diskotheken schließen spätestens um 6:00 Uhr früh, einige schon um 4:00 Uhr. Wer dann immer noch nicht genug hat, kann auf eine Afterparty gehen.

Eine international berühmte Diskothek ist die Coco Bongo in Cancún (www.cocobongo.com.mx), wo man nicht nur tanzen und trinken, sondern auch atemberaubende Shows und Künstler bewundern kann. Allerdings ist das Vergnügen alles andere als billig.

Lokalitäten für Homosexuelle

Im Gegenteil zu vielen heterosexuellen Diskotheken kosten die besseren homosexuellen Diskotheken fast immer Eintritt. Die Szene in Mexico D. F. und Guadalajara ist ziemlich groß und somit gibt es viele verschiedene Diskotheken und Bars aller Preisklassen. Etliche Bars, Kneipen und andere Lokalitäten für Homosexuelle in Mexico D. F. sind in der *Zona Rosa* angesiedelt. In Guadalajara kann man im *Monicas* jedes Wochenende Transvestitenshows bewundern. Allerdings liegt die große Lokalität ziemlich außerhalb der Stadt in einer recht gefährlichen Gegend mit unsicheren Parkmöglichkeiten.

Eine Übersicht über zahlreiche Bars und Diskotheken für Homosexuelle in allen Bundesländern finden Sie unter www.antrosgay.com.

4.7 Deutsche, Österreicher und Schweizer in Mexiko

Schätzungen des Auswärtigen Amtes zufolge sind derzeit 15.000 Deutsche in Mexiko ansässig, neben 75.000 Deutschstämmigen. Tausende deutsche, österreichische und schweizerische Studenten absolvieren in Mexiko jedes Jahr ein Auslandssemester. Es gibt etliche deutschsprachige Schulen und sogar einige deutsche Kolonien.

Deutsche Kirchen und Gemeinden

In Mexico D. F. gibt es eine deutsche evangelische Gemeinde unter der Leitung des Pfarrers Dr. Thomas Stahlberg. Jeden Sonntag um 10:00 Uhr wird in der Heilig-Geist-Kirche ein Gottesdienst gefeiert. Auch Konfirmandenunterricht wird neben anderen Angeboten wie Gesprächskreisen oder einer Gottesdienstwerkstatt angeboten.

Heilig-Geist-Kirche
Av. Patriotismo 594, Col. Mixcoac
03910 México, D. F.
www.ev-kirche-mexiko.org

Neben der evangelischen gibt es auch eine katholische Kirchengemeinde deutscher Sprache in Mexico D. F. Jeden Sonntag um 10:30 Uhr wird hier die Eucharistie gefeiert und in zwei verschiedenen Orten in der Stadt wird Kommunionsunterricht angeboten.

St. Thomas Morus
Av. Vito-Alessio-Robles 206, Col. Florida
01030 México, D. F.
www.morusmexiko.info

In Guadalajara findet jeden ersten Sonntag im Monat um 12:00 Uhr in der Kapelle der Clarisas Misioneras ein deutschsprachiger Gottesdienst statt.

Clarisas Misioneras
Paseo Lomas Altas 115
Col. Lomas del Valle

Deutschsprachige Schulen und Kindergärten

In Mexiko gibt es einige deutschsprachige Schulen und Kindergärten, die auch von mexikanischen Kindern besucht werden, da in Mexiko zweisprachige Schulen und Kindergärten sehr beliebt sind. Häufig meint jedoch *bilingüe* („zweisprachig") für Kindergärten und Schulen in erster Linie vertieften Sprachunterricht in der jeweiligen Fremdsprache. Da die meisten deutschsprachigen Schulen von vielen deutschsprachigen und auch europäischen Schülern besucht werden, sind die Klassen oft kulturell gemischt.

Deutschsprachige Schulen und Kindergärten
In Mexiko-Stadt

> **Colegio Aleman Alexander von Humboldt**
> www.humboldt.edu.mx
> Kindergarten, Grundschule, Oberschule, Gymnasium (*preparatoria*) in drei verschiedenen Standorten: Lomas Verdes, La Herradura und Xochimilco

Schweizerschule Mexiko
www.csm.edu.mx
Kindergarten, Grundschule, Oberschule, Gymnasium in Mexico D. F., Queretaro und Cuernavaca

In Guadalajara

Colegio Aleman de Guadalajara
www.colegioalemangd.com.mx
Kindergarten, Grundschule, Oberschule und Bachillerato (Gymnasium)

Kinderglück
www.ici.edu.mx/kinder.php
Zweisprachiger Kindergarten

In anderen Städten des Landes

Schweizerschule Mexiko
www.csm.edu.mx
Kindergarten, Grundschule, Oberschule, Gymnasium in Mexico D. F., Queretaro und Cuernavaca

Weitere deutschsprachige Institutionen und Vereinigungen

Goethe-Institut Mexiko
www.goethe.de/ins/mx/lp/deindex.htm

DAAD (Deutscher Akademischer Austauschdienst)
www.daadmx.org

Deutsch-mexikanisches Forum
www.mexico-mexiko.com/

Informationsseite für Deutsche, Schweizer und Österreicher in Mexiko
www.dasdeutschenetz.info/

Auslandsösterreicherverein CENTRO AUSTRIACO
Monte Hermon 105
Col. Lomas de Chapultepec

C. P. 11000 México, D. F.
Tel.: (+52) -55-5504-8222
Fax: (+52) -55-5540-5946

Auslandsösterreicher Weltbund
www.weltbund.at/

Gesellschaft Österreich – Mexiko
http://gesoemex.at/

Club Alemán de México
www.clubalemanmex.com.mx

5. Kapitel:

ARBEITEN IN MEXIKO

5.1 Allgemeine Informationen

Arbeitgeber sind verpflichtet, ihre Arbeitnehmer beim **IMSS** (*„Instituto Mexicano del Seguro Social"*) und beim **INFONAVIT** (*„Instituto Nacional de Fondo de la Vivienda"*) anzumelden. Ersteres stellt dem Arbeitnehmer eine öffentliche Krankenversicherung, letzteres finanziert Kredite für Bauvorhaben (mehr Informationen zur öffentlichen Krankenversicherung in Mexiko finden Sie in Kapitel 8).

In Mexiko werden Arbeitsverhältnisse normalerweise auf unbestimmte Zeit abgeschlossen, es gibt keine **Probezeit**. Zur Kündigung müssen wie in Deutschland schwerwiegende Gründe vorliegen wie wiederholtes Nichterscheinen am Arbeitsplatz oder Drogen- und Alkoholmissbrauch während der Arbeitszeit.

Im ersten Arbeitsjahr hat der Arbeitnehmer keinen Anspruch auf **Urlaub**. Im zweiten Jahr bekommt er sechs Urlaubstage zugesprochen. Mit jedem weiteren Jahr steigt die Anzahl der Urlaubstage um zwei. Der Arbeitnehmer hat für die Zeit seines Urlaubs Anspruch auf Urlaubsgeld in Höhe von 25 % des Gehalts.

Arbeitnehmer in Mexiko haben keinen Anspruch auf **Lohnfortzahlung im Krankheitsfall** – es sei denn, die Krankheit geht auf einen Arbeitsunfall zurück. In diesem Fall übernimmt die Sozialversicherung die Lohnfortzahlung in Höhe von bis zu 60 % des Gehalts.

Mütter haben Anspruch auf **Mutterschaftsurlaub** von sechs Wochen vor bis sechs Wochen nach der Geburt ihres Kindes. Die Lohnfortzahlung übernimmt die Sozialversicherung.

Der **Mindestlohn** (*salario mínimo*) in Mexiko liegt je nach Region derzeit zwischen 54,47 pesos und 57,46 pesos. Die Mindestlöhne je Region sind nachzulesen unter www.sat.gob.mx (Menüführung: *informaciones y servicio – tablas e indicadores – salarios minimos*).

Die maximale **Wochenarbeitszeit** beträgt theoretisch 48 Stunden (von Montag bis Samstag). **Sonntagsarbeit** soll mit 25 % extra vergütet und **Überstunden** mit doppeltem Gehalt bezahlt werden.

90 % der Angestellten müssen die **mexikanische Staatsbürgerschaft** haben.

5.2 Arbeit suchen

Viele Stellen werden in Mexiko an Verwandte, Freunde oder an von diesen empfohlene Personen vergeben. Sollten Sie also in Mexiko Arbeit suchen und mexikanische Freunde und Bekannte haben, ist es sinnvoll, diesen mitzuteilen, dass Sie einen Job suchen. Möglicherweise können sie Ihnen weiterhelfen.

Auch online können Sie nach Jobs suchen:
www.vivastreet.com.mx/
www.monster.com.mx
www.zonajobs.com.mx

Außerdem haben Sie als Deutsch-Muttersprachler gute Chancen, in deutschen Unternehmen einen Job zu bekommen. In Mexiko sind unzählige deutsche Firmen ansässig, unter anderem HP, Continental, die Deutsch-Mexikanische Industrie- und Handelskammer (CAMEXA), Volkswagen, DHL, Miele, LBBW, Tesa, TÜV Rheinland, Heidelberg, Dräger etc.

Viele dieser Firmen haben ihre Büroräume in Mexico D. F. im **German Center**. Dieser achtstöckige, sehr moderne Bürokomplex in Santa Fe, einer der teuersten und schicksten Gegenden in Mexico D. F., beherbergt derzeit mehr als 70 deutsche Firmen.

Sollten Sie Hilfe bei der Jobsuche oder bei Ihrer Geschäftseröffnung brauchen, können Sie sich auch ans German Center wenden. Hier erhalten Sie nicht nur Unterstützung bei der Arbeitsplatzsuche – auch wenn Sie kulturelle Probleme oder sonstige Fragen zum Leben und Arbeiten in

Mexiko haben, wird Ihnen hier weitergeholfen (weitere Informationen zu interkulturellen Problemen und deren Bewältigung finden Sie in Kapitel 11).

Auch in Guadalajara sind zahlreiche deutsche Firmen angesiedelt, wenn auch nicht so komprimiert wie in Mexico D. F. Einige deutsche Unternehmen wie HP oder Continental befinden sich etwas außerhalb am *Periferico*[2].

Ein beliebter Nebenjob bei in Mexiko lebenden Deutschen, Schweizern und Österreichern ist das Unterrichten von Deutsch oder das Verfassen von Übersetzungsarbeiten von Spanisch auf Deutsch. Sollten Sie daran Interesse haben, fragen Sie einfach in Sprachschulen, die Deutschkurse anbieten, nach, ob sie Verstärkung benötigen.

5.2.1 Lebenslauf und Bewerbungsgespräch auf Mexikanisch

In Mexiko sind nicht nur die fachlichen Fähigkeiten und Kompetenzen, sondern vor allem auch die persönlichen Ziele und Vorhaben für den Arbeitgeber von Interesse. Daher darf in einem Lebenslauf auf „mexikanisch" das *Objetivo General* nicht fehlen. Darin erklären Sie in einem Satz oder wenigen knappen Sätzen, was Sie sich von der Arbeit, die Sie ausführen wollen, persönlich erhoffen und welche Fähigkeiten Sie einbringen werden, um dies zu erreichen. Ansonsten gilt für einen mexikanischen Lebenslauf vor allem: Seien Sie kreativ! Gestalten Sie den Lebenslauf interessant und machen Sie sich vor allem selbst interessant. Verkaufen Sie sich! Bei der Bewerbung um eine Arbeit in Mexiko ist Bescheidenheit auf jeden Fall fehl am Platz.

Sicheres und freundliches Auftreten sowie ein professionelles äußeres Erscheinungsbild sind beim Bewerbungsgespräch sehr wichtig. Anzug oder Kostüm sind angemessen und Frauen sollten geschminkt sein. Ein wichtiges Statussymbol ist das Auto. Für einen renommierten Job in einem mexikanischen Unternehmen brauchen Sie ein Auto einer

---

[2] Periferico (dt.: Peripherie, Umfang) ist eine Art Autobahn, die Guadalajara ringförmig umschließt. Es wird prinzipiell zwischen *Periferico Norte* und *Periferico Sur* unterschieden.

möglichst guten Marke. Auch zum Vorstellungsgespräch sollten Sie am besten im Auto anreisen. Erwähnen Sie nicht, wenn Sie mit öffentlichen Verkehrsmitteln zum Termin gefahren sind – etwa als Erklärung für eine Verspätung: „Die U-Bahn kam zu spät".

5.3 Ein Geschäft eröffnen

Bevor Sie ein Geschäft eröffnen können, müssen Sie sich zunächst für eine Rechtsform entscheiden. In Mexiko existieren ähnliche Rechtsformen wie in Deutschland. Hier ein kurzer Überblick über die wichtigsten:

Sociedad Anónima (S. A.)	Aktiengesellschaft (AG)
Sociedad en Nombre Colectivo (S. N. C.)	Offene Handelsgesellschaft (OHG)
Sociedad en Comandita Simple (S. C. S.)	Kommanditgesellschaft (KG)
Sociedad de Responsabilidad Limitada (S. de R. L.)	Gesellschaft mit beschränkter Haftung
Sociedad en Comandita por Acciones (S. C. A.)	Kommanditgesellschaft auf Aktien (KGaA)
Sociedad Cooperativa (S. C.)	Eingetragene Genossenschaft

Die meist genutzte Gesellschaftsform in Mexiko ist die Kapitalgesellschaft, da sich die Haftung auf die Einlage der Gesellschafter beschränkt, das Mindestkapital relativ gering ist.

Je nach Rechtsform und Art Ihres Unternehmens sind unterschiedliche Anträge zu stellen und Berechtigungen zu beantragen.

Die Website der mexikanischen Regierung www.gob.mx informiert unter dem Menüpunkt *negocios* (Geschäfte) über zu stellende Anträge und Formalitäten ebenso wie über Migration und Arbeitserlaubnisse.

Wollen Sie in Mexico D. F. ein Unternehmen eröffnen, können Sie etliche Anträge online stellen. Die Website www.guiate.df.gob.mx informiert Sie über die durchzuführenden Schritte.

Ein Beispielprozess

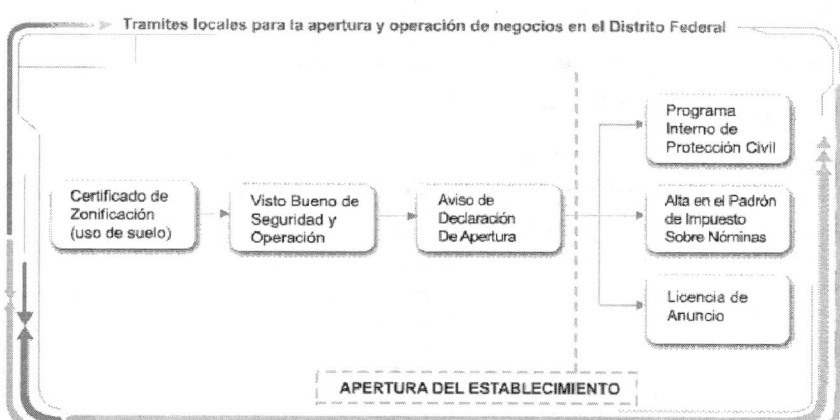

Beispielprozess für die Eröffnung eines Kindergartens, Quelle: www.guiate.df.gob.mx.

1. *Certificación de zonificación para uso de suelo*

Antrag auf Nutzung von Boden zu bestimmten geschäftlichen Zwecken. Es wird u. a. überprüft, ob die angedachte Verwendung mit der urbanen Entwicklung im Einklang steht. Kosten: derzeit circa MXN 700.

2. *Visto bueno de seguridad y operación*

Antrag auf den Nachweis, dass das Gebäude und die Installationen die sichere Ausführung des geplanten Unternehmens gewährleisten. Dieser Schritt ist nicht für alle Unternehmenstypen zwingend. Ob für Ihr Unternehmen dieser Nachweis notwendig ist, können Sie aus der personalisierten Übersicht über die durchzuführenden bürokratischen Schritte auf der Website www.guiate.df.gob.mx entnehmen. Kosten: derzeit keine.

3. *Declacarión de apertura*

Voraussetzung für die Ausstellung dieses Dokuments ist der Besitz des *Certificado de Zonificación* aus Schritt 1. Ist Ihr Unternehmenssitz in Mexico D. F., können Sie dieses Dokument durch Ausfüllen eines

Onlineformulars unter www.apertura.df.gob.mx beantragen. Die Antwort erhalten Sie sofort. Kosten: derzeit keine.

Nachdem diese drei Schritte durchgeführt wurden, kann laut Übersicht der Kindergarten eröffnet werden.

Innerhalb von zehn Tagen muss man sich dann bei der Steuer anmelden (*Alta en el padrón de Impuesto sobre Nóminas*). Außerdem muss die Sicherheit der Mitarbeiter und Kunden gewährleistet sein und nachgewiesen werden (*Programa Interno de Protección Civil*) und es muss eine Berechtigung erworben werden, Werbung bzw. Anzeigen für die Unternehmung zu publizieren (*Licencia de Anuncios*).

Auch wenn der Prozess auf den ersten Blick recht einfach erscheint, müssen daneben noch andere Anträge gestellt und Berechtigungen erworben werden, z. B. für den Verkauf von Essen oder alkoholischen Getränken. Erkundigen Sie sich am besten direkt bei dem *ayuntamiento* (Rathaus) Ihrer Region nach den bürokratischen Formalitäten und den notwendigen Anträgen.

Hilfe bei der Eröffnung eines Unternehmens

In Guadalajara bietet die Regierung kostenlose Kurse zu verschiedenen Themen zur Unternehmenseröffnung an. Kontaktdaten finden Sie unter enlinea.guadalajara.gob.mx (Menüführung: *servicio al ciudadano – tramites – cursos para negocios*).

Interessante Informationen über die Wirtschaft und den Markt in Mexiko finden Sie auf der Internetseite http://elempresario.mx.

5.4 Steuern

In Mexiko gibt es zwei Arten von Steuern für Güter und Produkte: Die IVA (*Impuesto sobre el Valor Agregado*), die der deutschen Umsatzsteuer entspricht, und die IEPS (*impuesto especial sobre producción y servicio*), die für Tabakwaren, Alkohol und Benzin veranschlagt wird.

Die IVA liegt in Mexiko für Güter und Dienstleistungen bei 16 bis 20 %. Einige Güter wie Bücher, Zeitschriften, Dünger, Wasser, Eiswürfel, Landwirtschaftsgeräte und Gold sowie Lebensmittel, Medikamente und Tiere sind von der IVA befreit.

Die Steuern für Alkohol errechnen sich anhand des Alkoholgrades: So wird für alkoholische Getränke mit einem Alkoholgehalt unter 14° 25 %, zwischen 14° und 20° 30 % und für einen Alkoholgehalt über 20° 50 % für die Steuer veranschlagt. Zigaretten und Zigarren sind mit 160 % versteuert.

Der Gesetzestext für die IVA ist nachzulesen unter: www.diputados.gob.mx/LeyesBiblio/pdf/77.pdf und für die IEPS unter www.diputados.gob.mx/LeyesBiblio/pdf/78.pdf.

Die Einkommensteuer (*impuesto sobre la renta*) ISR ist in Mexiko einkommensabhängig gestaffelt:

Bei einem monatlichen Gehalt von unter 496,07 pesos (etwa 30 Euro) mussten im Jahr 2010 1,92 % Steuern gezahlt werden, also 9,5 pesos (knapp 60 Eurocent). Bei einem monatlichen Gehalt von über 32.736,84 pesos (etwa 1984 Euro) wurden für 2010 30 % Einkommenssteuer veranschlagt.

Die anderen Steuersätze je Einkommen sind nachzulesen auf der Regierungsseite des SAT (*Servicio de Administración Tributaria*) unter: www.sat.gob.mx/sitio_internet/asistencia_contribuyente/informacion_frecuente/isr_provisional/default.asp.

Als Nicht-Mexikaner sind Sie dann steuerpflichtig, wenn Sie sich in einem 12-Monatszeitraum mehr als 183 Tage in Mexiko aufhalten.

5.5 Gesetzliche Feiertage

Da mexikanische Angestellte recht wenig Urlaub haben, sind die gesetzlichen Feiertage umso wichtiger. Neben den landesweiten Feiertagen hat jede Stadt mindestens einen eigenen Feiertag, den Ehrentag des Schutzpatrons der Stadt. Fallen Feiertage auf ein Wochenende, werden sie oft auf Freitag oder Montag verschoben, um die Arbeiter nicht um ihren freien Tag zu bringen. Liegt ein Feiertag auf einem Dienstag oder Donnerstag, wird häufig der zwischen diesem und dem Wochenende liegende Tag zusätzlich frei gemacht, sodass ein verlängertes Wochenende entsteht. Solche *puentes* (Brückentage, werden aber im alltäglichen Sprachgebrauch für das gesamte verlängerte Wochenende gebraucht) werden oft dazu genutzt, mit der gesamten Familie oder Freunden an den Strand zu fahren.

Die folgende Liste gibt einen Überblick über die nationalen Feiertage sowie eine kurze Erklärung zu ihnen:

- *01.01.*: Neujahr (año nuevo)*
- *06.01.*: Tag der Heiligen Drei Könige (Día de reyes)
- *Der erste Montag im Februar*: In Gedenken an die Ausrufung der Verfassung vom 05.02.1917.*
- *Der dritte Montag im März*: In Gedenken an den Geburtstag von Benito Juárez, der erste mexikanische Präsident indigener Abstammung und ein großer Reformer (21.03.1806).*
- *März/April – Semana Santa*: Die Woche vor Ostern haben die meisten Arbeitnehmer der Mittel- und Oberschicht frei. Am Karfreitag gibt es im ganzen Land Prozessionen, auf denen Heiligenfiguren durch die Stadt getragen werden oder die Kreuzigung Jesu nachgespielt oder nachempfunden wird.
  Touristische Gegenden und vor allem sämtliche Strände sind in dieser Woche von Menschenmassen überfüllt. Fast immer arbeitsfrei, wenn auch nicht obligatorisch sind *Jueves Santo* (Gründonnerstag) und *Viernes Santo* (Karfreitag). Ostersonntag und -montag wird keine besondere Beachtung geschenkt. Die deutschen Osterrituale, wie Eier bemalen oder Geschenke suchen, sind in Mexiko unbekannt.
- *01.05.*: Tag der Arbeit*
- *05.05.*: Gedenken an den Sieg in Puebla 1862 über das Heer Napoleons III.

- *13.09.*: Gedenken an die *Niños Heroes* (Kinderhelden).
- *16.09.*: Jahrestag der mexikanischen Unabhängigkeit. In der Nacht vom 15. zum 16. September findet der *Grito* statt. Mit diesem Befreiungsschrei (*Grito de la independencia*) begann der Aufstand gegen die spanische Besetzung.*

Mehr Informationen zu den Niños Heroes, der Unabhängigkeitsbewegung und der Revolution finden Sie in Kapitel 10 zur Geschichte Mexikos.

- *01.11.*: Allerheiligen (*Día de todos los santos*)
- *02.11.*: Tag der Toten (*Día de los muertos*). Vor allem in den Dörfern werden in der Nacht vom 01.11. zum 02.11. Rituale durchgeführt. Zum Beispiel die *velación de los muertos*, bei der hunderte Kerzen auf einem See schwimmen gelassen werden, was zahlreiche Touristen anzieht. Besonders bekannt für ihre Feierlichkeiten sind die Insel Janitzio und die Dörfer Pátzcuaro, Tzintzuntzan, San Pedro Tzutumutaro, Ihuatzio, Jarácuaro, Mixqui, Xochimilco und der Bundesstaat Mexiko.
- *Der dritte Montag im November*: im Gedenken an den Beginn der mexikanischen Revolution am 20.11.1910.
- *12.12.*: Tag der Jungfrau von Guadalupe (*Virgen de Guadalupe*). Im Dezember 1531 erschien diese Heilige dem Indigen Juan Diego. Anlässlich ihres Gedenkens gibt es zahlreiche Feierlichkeiten im ganzen Land, insbesondere in der Basílica de Guadalupe.
- *25.12.*: Weihnachten*

* = obligatorischer Feiertag, also arbeitsfrei.

Hinzu kommen in jedem Wahljahr der nach dem Wahlgesetz festgelegte Wahltag sowie alle sechs Jahre der 01.12., wenn ein neuer Präsident sein Amt antritt.

Sonstige wichtige Daten:

14.02. *Día de San Valentín* (Valentinstag)

24.02. *Día de la bandera* (Tag der Nationalflagge)

30.04. *Día del niño* (Kindertag)

10.05. *Día de la madre* (Muttertag)

28.12. *Día de los inocentes* (Tag der Unschuldigen): Der 28.12. ist sozusagen der mexikanische 1. April. An diesem Tag werden andere mit Scherzen hinters Licht geführt und sogar die Zeitungen publizieren nicht ernst gemeinte Nachrichten.

6. Kapitel:

STUDIEREN IN MEXIKO

Wenn Sie in Mexiko ein Auslandssemester oder ein Praktikum absolvieren wollen, ist es ratsam, mit der deutschen Universität zu kollaborieren, um vorhandene Finanzierungsmöglichkeiten auszuschöpfen.

6.1 Auslandssemester

Viele deutsche, österreichische und schweizerische Universitäten haben Partneruniversitäten in Mexiko, wodurch der Austausch und dessen Finanzierung erleichtert werden. So bietet die freie Universität Berlin zum Beispiel Auslandssemester an der *Universidad de Guadalajara* in Guadalajara oder *Universidad Autónoma de Mexico* in Mexico D. F. an. Die Universität in Heidelberg hat die *Universidad de Nuevo León* in Monterrey als Partneruniversität. Meist sind die Partneruniversitäten in Mexiko staatliche Universitäten.

Sollte Ihre Universität keine Partneruniversität in Mexiko haben, können Sie den Aufenthalt auch privat organisieren. Da private Universitäten, auch für deutsche Verhältnisse, extrem teuer sind, ist es ratsam, eine öffentliche für den Austausch zu kontaktieren. Auch bei staatlichen Universitäten fallen für ausländische Studenten Kosten für das Studium an, die jedoch weit unter denen der privaten Universitäten liegen.

Eine Liste der großen staatlichen und einiger privater Universitäten gibt es bei Wikipedia (www.wikipedia.org) unter dem Stichwort „Liste der Universitäten in Mexiko".

Informieren Sie sich vor der Abreise unbedingt bei Ihrer Heimatuniversität über die Gültigkeit der im Ausland erworbenen Leistungen in Deutschland!

Möglicherweise bekommen Sie von der Partneruniversität ein Zimmer in einer WG vorgeschlagen, meist in großen Häusern, in denen bis zu 20 ausländische und einige mexikanische Austauschstudenten zusammenwohnen. Diese Häuser scheinen recht günstig, wenn man die normalen Mietpreise in Mexiko nicht kennt. Zahlen Sie keine 200 oder gar 300 Euro für ein Zimmer! Dafür könnten Sie sich z. B. in Guadalajara bereits in einer besseren Zone ein ganzes Haus mieten. Monterrey ist derzeit die teuerste Stadt in Mexiko. Daher kann die Miete hier etwas teurer ausfallen.

Versuchen Sie außerdem, vor allem in großen Städten wie Mexico D. F. oder Guadalajara in Uninähe und/oder mit guten Busanbindungen zu wohnen. Unterschätzen Sie nicht die Entfernungen!

6.2 Praktikum

Unbezahlte Praktikumsplätze können Sie in Mexiko überall bekommen. Bezahlte werden Sie hingegen kaum finden. Allerdings sind die Lebenshaltungskosten in Mexiko sehr gering und Sie können sich zum Beispiel durch Nebenjobs finanzieren, zum Beispiel als Kellner/in oder als Deutschlehrer/in.

Zahlreiche, auch europäische, Non-Profit-Organisationen sind sehr dankbar für jede freiwillige Hilfskraft. Es gibt wohl kaum eine Firma in Mexiko, die bei freundlicher Anfrage eine kostenlose Arbeitskraft ablehnen würde. Daher suchen Sie sich einfach im Internet in Ihrer Wunschstadt ein Unternehmen oder eine Hilfsorganisation heraus und kontaktieren Sie sie. Falls der Kontakt per E-Mail nicht fruchtet, rufen Sie einfach an. Der direkte, persönliche Weg funktioniert oft besser als der elektronische.

Unterkunft

Ein WG-Zimmer oder eine möblierte Wohnung finden Sie im Internet unter www.compartodepa.com.mx. Die Benutzung der Seite kostet zwar etwas Geld (derzeit um die zehn Euro), allerdings finden sich dort zahlreiche gute Angebote. Auch die in Kapitel 1.6 genannten Internetseiten können zur Suche herangezogen werden.

7. Kapitel:

MEXIKANISCH HEIRATEN

Einer der Hauptgründe, warum Europäer in Mexiko bleiben, ist, dass sie sich in eine/n Mexikaner/in verlieben. Auch wenn solche bikulturellen Partnerschaften einige Herausforderungen mit sich bringen können (siehe Kapitel 11 zu interkulturellen Problemen), finden viele Paare einen Weg, die interkulturellen Schwierigkeiten zu überbrücken, und entscheiden sich für den Bund der Ehe.

Eine Liste der Unterlagen, die Sie für die Eheschließung benötigen, bekommen Sie in jedem Standesamt (*registro civil*). Außerdem können Sie sich auf der Internetseite des *registro civil* Ihrer Stadt, meist unter dem Menüpunkt *servicio* oder *trámites* über die einzelnen Schritte informieren.

Guadalajara: http://portal.guadalajara.gob.mx
Mexico D. F.: www.rcivil.df.gob.mx
Monterrey bzw. **Nuevo León:** www.nl.gob.mx
Yucatán: www.Yucatán.gob.mx
Eine Liste der *registros civiles* aller Bundesstaaten finden Sie unter: www.bajacalifornia.gob.mx/registrocivilbc.

Um in Mexiko eine/n Einheimische/n zu heiraten, braucht man einige Unterlagen aus der Heimat wie z. B. eine aktuelle Geburtsurkunde, übersetzt und mit einer Apostille versehen.

Sie können die Dokumente sowohl in Ihrer europäischen Heimat als auch in Mexiko von einem staatlich anerkannten Übersetzer übersetzen lassen. Eine Liste mit Übersetzern in Ihrer Umgebung sowie Auskunft darüber, welche Ämter in Ihrer Stadt berechtigt sind, Ihre Unterlagen durch eine Apostille zu legalisieren, erhalten Sie meist beim Standesamt. Allgemeine Informationen zur Apostille finden Sie auf der Internetseite des Auswärtigen Amtes (www.konsularinfo.diplo.de/) unter dem Menüpunkt „Urkunden und Beglaubigungen". Auch deutsche, österreichische und schweizerische Konsularbeamte in Mexiko sind berechtigt, amtliche Urkunden zu beglaubigen. In Europa und in Mexiko entstehen dabei in etwa die gleichen Kosten.

7. Mexikanisch heiraten

Der Antrag auf Eheschließung ist beim Migrationsamt abzuholen. Außerdem können Sie hier einen Termin für einen *curso prematrimonial* (einen Vorbereitungskurs für die Ehe) machen. Der Vorbereitungskurs ist bisher nur in einigen Bundesländern verpflichtend, zum Beispiel in Jalisco. Erkundigen Sie sich daher zunächst, ob es in Ihrem Bundesland ein derartiges Angebot gibt und ob dies für Sie verpflichtend ist. Es handelt sich hierbei nicht um ein persönliches Gespräch, sondern um einen Kurs, an dem mehrere Paare gleichzeitig teilnehmen. Ziel des *curso prematrimonial* ist, den Teilnehmern die Wichtigkeit und Bedeutung einer Ehe zu verdeutlichen und somit zum Überdenken vorschneller Entscheidungen anzuregen. Sie können diesen Kurs etliche Zeit vor der Hochzeit absolvieren, allerdings verfällt der Nachweis nach einem halben Jahr. Für die Eheschließung brauchen Sie zwei Trauzeugen (Eltern dürfen keine Trauzeugen sein!), von denen Sie für den Antrag eine Kopie der Ausweise und deren Adresse benötigen. Außerdem müssen beide Partner einen Nachweis über ihre Gesundheit einreichen. Dieses Gesundheitszeugnis können Sie in jeder öffentlichen oder privaten Klinik nach einer (Blut-)Untersuchung ausgestellt bekommen.

Den Termin für die Eheschließung setzen Sie selbst fest. In Mexiko ist es üblich, für die Hochzeit und die anschließende Feier eine Terrasse, ein Haus oder ein Grundstück zu mieten. Sobald Sie diese und den Termin zusammen mit allen Dokumenten haben, reichen Sie alles beim Standesamt ein. Es reicht, wenn der Termin dem Standesamt eine knappe Woche vorher mitgeteilt wird.

Abhängig vom Stadtteil, in dem Ihre gewählte Lokalität liegt, bekommen Sie einen Standesbeamten zugewiesen, der Sie an Ort und Stelle zum gewählten Termin verheiraten kann. Sie können auch in einem Standesamt die Eheschließung vollziehen. Wählen Sie zuerst Ihre Hochzeitslokalität und melden Sie sich erst danach bei dem für die jeweilige Region zuständigen Standesamt. Standesämter sind nur für bestimmte Bezirke zuständig und der Bezirk hängt von dem Ort Ihrer Feier, nicht von Ihrem Wohnort ab! Nach Vollzug der Eheschließung müssen Sie noch ein letztes Mal zum Standesamt, um sich als verheiratet registrieren zu lassen.

8. Kapitel:

ICH BIN KRANK – WAS NUN?

8.1 Auslandskrankenversicherung für Mexiko

Auslandskrankenversicherung in Österreich, Deutschland und der Schweiz

Mittlerweile übernehmen die meisten Krankenkassen die Kosten für die Behandlung von Krankheitsfällen in anderen europäischen Ländern. Keine einfache Krankenversicherung übernimmt allerdings automatisch die Kosten, die für eine Behandlung in Mexiko anfallen.

Sollten Sie in Ihrer europäischen Heimat gesetzlich krankenversichert sein und das auch bleiben wollen, können Sie vor (!) Reiseantritt eine Auslandskrankenzusatzversicherung abschließen. Ziehen Sie für einige Jahre oder dauerhaft nach Mexiko, können Sie z. B. online eine Auslandskranken- oder Reiseversicherung beantragen.

Es gibt viele verschiedene Angebote für Auslandskrankenzusatz- und Auslandskrankenversicherungen. Die meisten sind für die ersten 42 Tage sehr günstig. So kostet zum Beispiel eine Krankenzusatzversicherung bei der HUK-COBURG in Deutschland für Barmer-Versicherte im Jahr die ersten 42 Tage momentan nur 6 Euro. Jeder weitere Reisetag kostet derzeit 1,50 €.

Einen kompakten Überblick über die unterschiedlichen Angebote der Krankenkassen für Reisen von einer Dauer von wenigen Tagen bis zu einem dauerhaften Aufenthalt finden Sie unter www.reiseversicherung.com (unter dem Menüpunkt „Auslandskrankenversicherung").

Günstige Versicherungen für das Ausland – nicht nur Krankenversicherungen – finden Sie zum Beispiel unter www.protrip.de.

Welchen Service die einzelnen Versicherungen anbieten, muss im Einzelnen nachgelesen werden. Nicht immer enthalten ist zum Beispiel der Rücktransport ins Heimatland im Krankheitsfall (auch von Angehörigen) und auch Zahnarztkosten sind manchmal nur teilweise gedeckt.

Bei einigen Versicherungen können Sie auch wählen, ob die ambulanten Behandlungskosten von der Versicherung übernommen werden (mehr zu ambulanten Arztkosten finden Sie im folgenden Kapitel).

Öffentliche Krankenversicherung in Mexiko

Sollten Sie dauerhaft oder für einige Jahre in Mexiko bleiben, ist eine Krankenversicherung in Mexiko zu empfehlen. Sind Sie Arbeitnehmer in Mexiko, sind Sie automatisch krankenversichert.

Die öffentliche Krankenversicherung des **IMSS** (*Instituto Méxicano del Seguro Social*) garantiert Ihnen kostenlose Behandlung in jedem Krankheitsfall. Um diese in Anspruch nehmen zu können, müssen Sie einen Versicherungsausweis beantragen. In allen Städten gibt es öffentliche Krankenhäuser, Zahnärzte und Ärzte aller Spezialisierungen. Hier werden Sie kostenlos behandelt und erhalten meist auch die notwendigen Medikamente kostenlos (sofern sie vorrätig sind).

Alle Adressen öffentlicher Krankenhäuser und Kliniken in Ihrer Stadt finden Sie online unter: www.imss.gob.mx (*Contacto y Directorios*).

Ein Nachteil der Behandlung in öffentlichen Kliniken ist, dass diese oft hoffnungslos überfüllt sind. Ein Krankenhausaufenthalt in einem öffentlichen Krankenhaus kann durch die Fülle an Patienten und den Mangel an Betten und Arbeitskräften nicht sehr angenehm sein.

Private Krankenversicherungen in Mexiko

Daher haben viele Mexikaner zusätzlich eine private Krankenversicherung für *gastos mayores* (wörtlich: „höhere Ausgaben"). Manchmal wird eine derartige Versicherung auch vom Arbeitgeber gestellt. Bei diesen Versicherungen haben Sie einen relativ hohen Selbstbehalt (von 2.000 bis 20.000 pesos). Die Kosten für ambulante Arztkosten – zum Beispiel bei einer Grippeerkrankung oder einer Impfung – werden nicht übernommen. Haben Sie jedoch einen Unfall oder leiden an einer schweren Krankheit, die regelmäßig behandelt werden muss, müssen Sie nur den ausgehandelten Selbstbehalt bezahlen.

Achten Sie darauf, welche Krankenhäuser Sie mit Ihrer Versicherung aufsuchen können!

Es gibt auch Familien- oder Partnerversicherungen. Eine private Krankenversicherung, die Kosten für reguläre Arztbesuche übernimmt, wie es zum Beispiel in Deutschland üblich ist, gibt es nicht.

Einige große, internationale Versicherungsunternehmen in Mexiko sind zum Beispiel:

Seguros Monterrey: www.monterrey-newyorklife.com.mx
(international bekannt als New York Life)
MetLife: www.metlife.com.mx
Zürich: www.zurich.com.mx
Allianz: www.allianz.com.mx
GNP: www.gnp.com.mx

8.2 Der Arztbesuch

Wenn Sie in Mexiko erkranken, können Sie selbst den Arzt auswählen, den Sie aufsuchen möchten.

Sind Sie in Mexiko angestellt, können Sie Ihre öffentliche Krankenversicherung nutzen und eine öffentliche Klinik besuchen. Hier bekommen Sie die Behandlung sowie die meisten Medikamente kostenlos.

Adressen von öffentlichen Krankenhäusern und Ärzten in Ihrer Stadt finden Sie unter www.imss.gob.mx (unter dem Menüpunkt *Contacto y Directorios*).

Die Wartezeit in öffentlichen Arztkliniken kann mehrere Stunden betragen und der Service ist aufgrund des Andrangs sehr grundständig. Daher bevorzugen es Mexikaner, einen privaten Arzt aufzusuchen und die Kosten für Behandlung und Medikamente selbst zu tragen. Sie können zwischen verschiedenen, preislich stark variierenden ärztlichen Beratungen wählen:

In einigen Apotheken werden *consultas* (Beratung, Behandlung) angeboten. Dies ist die günstigste Alternative mit Kosten von 50 bis 200 pesos pro Behandlung.

Eine etwas teurere Variante ist die Behandlung durch einen selbstständigen Arzt oder Facharzt. Es gibt zahlreiche *consultorios* (Arztkliniken) mit unterschiedlichen Fachrichtungen und Spezialisierungen. Eine Behandlung kostet in Guadalajara zum Beispiel um die 500 pesos. Am besten machen Sie vorher telefonisch einen Termin aus. Mit Wartezeit muss meist nicht gerechnet werden. Der Arzt stellt Ihnen Rezepte aus, die Kosten für die Medikamente müssen Sie selbst tragen.

Jede Behandlung in einer nicht-öffentlichen Klinik muss zunächst selbst bezahlt werden. Wenn Sie eine deutsche Krankenversicherung haben, die auch kleine Beträge übernimmt, kriegen Sie Ihr Geld nach Einreichung der Belege zurück.

8.3 Kleines Krankheits- und Arztlexikon

Krankheiten/Symptome

Schmerzen können generell mit *dolor de x* ausgedrückt werden wie *dolor de cabeza* (Kopfschmerzen), *dolor de estómago* (Bauchschmerzen) oder *dolor de garganta* (Halsschmerzen).

Allergie (gegen)	*la alergía (contra)*
Angina	*la angina*
Asthma	*el asma*
hoher/niedriger **B**lutdruck	*la presión (arterial) alta/baja*
Bronchitis	*la bronquitis*
(Knochen-)**B**ruch	*la fractura*
Depression	*la depresión*
Diabetes	*la diabetes*
Durchfall	*la diarrea*

8.3 Kleines Krankheits- und Arztlexikon

Entzündung	la inflamación
Erbrechen	el vómito
Erkältung	el resfriado
Fußpilz; Schweißfuß	el pie de atleta
Gastritis	la gastritis
Grippe	la gripa
Heuschnupfen	la alergía al polen
Herpes	el herpes
Husten	la tos
Hypersensibilität	la hipersensibilidad
Infarkt	el infarto
Infektion	la infección
Krebs	el cáncer
Kolik; auch für Regelschmerzen	el cólico
Lähmung	la parálisis
Lungenentzündung	la pulmonía
Migräne	la migraña
Schwindel	el mareo
Sonnenstich	la insolación
Stich (Mücke etc.)	la picadura
Tumor	el tumor
(Reise-)Übelkeit; Schwindel	las náuseas
Vergiftung	la intoxicación
Verbrennung	la quemadura

Eine umfangreiche Übersicht über Krankheiten, ihre Symptome und Behandlungen auf Spanisch finden Sie unter:
www.salud.com/enfermedades.asp.

8. Ich bin krank – was nun?

Fachärzte

Allergologe	alergólogo
Allgemeinarzt	médico general
Augenarzt	oculista, oftalmólogo
Angiologe, Gefäßspezialist	angiólogo
Chirurg	cirujano
Facharzt für Darm- und Aftererkrankungen	proctólogo
Gynäkologe	ginecólogo
Hals-Nasen-Ohren-Arzt	otorrinolaringólogo
Hautarzt	dermatólogo
Homöopathie	homeopatía
Kardiologe	cardiólogo
Facharzt für Krebserkrankungen	cancerólogo
Lungenfacharzt	neumólogo
Facharzt für Magen-Darmerkrankungen	gastroenterólogo
Facharzt für Naturheilkunde	(médico) naturista
Nervenfacharzt/-chirurg	neurólogo/neurocirujano
Facharzt für Nierenerkrankungen	nefrólogo
Rheumatologe	reumatólogo
Röntgenspezialist	radiólogo
Schönheitschirurg	cirujano plástico
Urologe	urólogo
Zahnarzt	dentista

8.4 Medikamente

Selbstmedikation

Viele Mexikaner gehen im Krankheitsfall nicht zum Arzt, sondern besorgen sich ihre Medikamente in der Apotheke. Da sowohl ein Arztbesuch als auch die Medikamente selbst bezahlt werden müssen, sparen sich viele den Arztweg und stellen sich selbst eine Diagnose. Bis Sommer 2010 war es sogar möglich, Antibiotika ohne Rezept zu kaufen – und das schon für ein paar Euros. Um den Missbrauch einzuschränken, wurde im August 2010 ein Gesetz erlassen, dass den Verkauf von Antibiotika ohne Rezept verbietet.

Medicamentos piratas – Piratenmedikamente

20 bis 30 % der in Mexiko verkauften Medikamente sind Pirateriprodukte oder abgelaufene Medikamente. Pirateriemedikamente sind nicht registrierte und daher bei ihrer Herstellung nicht überwachte Medikamente. Sie rufen möglicherweise nicht die gewünschte Wirkung hervor oder/und ziehen unangenehme Nebenwirkungen nach sich. Meist sind sie sehr viel billiger als das Originalprodukt. Um sich vor Pirateriemedikamenten zu schützen, sollten Sie entweder nur Originalprodukte kaufen oder *genéricos intercambiables*. Letztere sind eine günstige und sichere Variante zu den Originalprodukten. Ihre Rezepturen sind ähnlich oder gleich denen der Originalprodukte. Sie sind registriert und mit einem *GI* (in Großbuchstaben!) gekennzeichnet. Achten Sie beim Kauf von Medikamenten auf (exakt!) diese Markierung und das Ablaufdatum der Medikamente!

8.5 Verbreitete Krankheiten

In Mexiko gibt es nicht unbedingt *mehr* Krankheiten, aber in jedem Fall *andere* Krankheiten als in Mitteleuropa und mehr Bakterien in Essen und Trinkwasser. Sie sollten daher darauf achten, dass Ihr Impfschutz gegen **Hepatitis A** und **Typhus** – beides Krankheiten, die durch verunreinigtes Wasser oder Essen übertragen werden – aktiv ist.

Die meisten Nicht-Mexikaner, die andere hygienische Standards gewöhnt sind, trifft früher oder später eine leichte bis schwere **Durchfallerkrankung**, die im schlimmsten Fall auch mit Antibiotika behandelt werden muss.

Die Ansteckungsgefahr für **Malaria** ist überall in Mexiko gering, in großen Städten sogar fast gleich Null. Aufgrund der starken Nebenwirkungen von Malariamedikamenten ist zur Einnahme nur dann zu raten, wenn Sie in ein Gebiet fahren, in dem ein erhöhtes Risiko besteht.

Mücken übertragen in Mexiko eine andere Krankheit, gegen die bisher weder ein Heilmittel noch ein vorbeugendes Medikament gefunden wurde: das **Dengue-Fieber**. Zur Regenzeit ist die Ansteckungsgefahr aufgrund der großen Mückenvorkommen besonders hoch. Der Krankheitsverlauf ähnelt dem einer schweren Grippe mit Kopf- und Gliederschmerzen, Fieber und Schüttelfrost und kann wenige Tage bis zu zwei Wochen andauern. Die erste Infektion verläuft meist relativ harmlos. Gefährlicher und sehr viel schwerer verläuft die Erkrankung bei einer weiteren Infektion.

Dengue-Mücken leben vor allem in Küstenregionen und in tropischen Wäldern, aber auch das Zentrale Hochland und Großstädte wie Guadalajara und Mexiko-Stadt gehören zu ihren Lebensräumen.

Schützen kann man sich gegen diese Krankheit einzig durch die Benutzung von Antimückensprays.

Im späten Frühjahr 2009 war Mexiko in den internationalen Medien mit erschreckenden Berichten über eine neue Krankheit, die zahlreiche Todesopfer forderte: die **Schweinegrippe**. Zweifelsohne handelt es sich hierbei um eine ernst zunehmende Krankheit. Die Zahl der Erkrankungen ist jedoch nach zahlreichen Vorsichtsmaßnahmen in Mexiko stark zurückgegangen. Im Juni 2010 wurde der H1N1-Alarm in Mexiko aufgehoben. Grippe-Impfungen werden angeboten. Für deren Wirkung gibt es jedoch keine Garantie, da das Virus schnell mutiert und so eine andere Form annehmen kann, vor der die Impfung nicht schützt.

9. Kapitel:

MIT KINDERN IN MEXIKO

Mexiko ist ein kinderliebes und vor allem kinderreiches Land. Während eine deutsche Frau im Durchschnitt 1,37 Kinder bekommt, sind es in Mexiko 2,1 Kinder pro Frau zwischen 15 und 49 Jahren.

In Mexiko sind 31 % der Bevölkerung jünger als 14 Jahre, in Deutschland sind es 13 %.

Umfangreiche statistische Daten über die Bevölkerung in Mexiko und Themen wie Bildung, Kultur oder Verteilung von Berufen können Sie downloaden unter www.inegi.org.mx (unter dem Menüpunkt: *Anuario Estadístico de los Estados Unidos Mexicanos*).

9.1 Kindergärten, Schulen und Universitäten

Die Einschulungsrate in Mexiko ist in den letzten Jahren stark gestiegen und auch im Vergleich zu anderen lateinamerikanischen Ländern relativ hoch: 2006/2007 besuchten 92,1 % der schulpflichtigen Kinder die Grundschule und 78,8 % eine weiterführende Schule. Durchschnittlich wird jedoch nur die achte Klasse erreicht (mehr Informationen unter www.inegi.org.mx – *Anuario Estadístico de los Estados Unidos Mexicanos. Edicion 2008. Archivo 1*).

Das Schulsystem in Mexiko ist ähnlich aufgebaut wie das deutsche: Ab dem dritten Lebensjahr können die Kinder in den Kindergarten (auf Spanisch: *kinder*) bzw. zur Vorschule (*educación preescolar*) gehen. Die Vorschule ist nicht Pflicht, es wird jedoch mindestens ein Jahr Vorschule vor Eintritt in die Primarstufe empfohlen.

Die Grundschule bzw. Primar- oder Volksschule (*primaria*) ist verpflichtend für alle Kinder (ab etwa sechs Jahre) und geht bis zur sechsten Klasse. Danach schließt die *secundaria* (weiterführende Schule) an. Diese ist vergleichbar mit der deutschen Realschule oder österreichischen bzw.

schweizerischen Mittelschule, dauert wie diese drei Jahre (von der siebten bis zur neunten Klasse) und ist verpflichtend.

Nach der *secundaria* können die Jugendlichen die *preparatoria* besuchen, die – wie der Name schon sagt – auf ein Studium vorbereitet („preparar" – vorbereiten) und mit dem Erwerb der Hochschulzugangsberechtigung (*bachillerato*) endet. Die *prepa* ist vergleichbar mit dem Gymnasium und dauert weitere drei Jahre. Insgesamt dauert eine vollständige Schullaufbahn also wie in einigen deutschen Bundesländern 13 Jahre.

9.1.1 Private und öffentliche (Hoch-)Schulen

Die meisten Mexikaner, die es sich leisten können, schicken ihre Kinder auf private Schulen. Ob das Lehrangebot dort besser ist, sei dahingestellt. Sicher ist, dass die Lehrer an privaten (Hoch-)Schulen besser bezahlt sind und dass private Universitäten weniger Studenten aufnehmen. Die staatlichen Hochschulen haben sehr viel mehr Studenten und bekommen meist mehr Bewerbungen, als sie berücksichtigen können, wodurch es schwieriger ist, einen Platz zu bekommen.

Öffentliche Hochschulen erhalten finanzielle Unterstützung vom Staat und sind daher gut ausgestattet. Private Hochschulen finanzieren sich größtenteils durch die studentischen Beiträge.

2006 gab es in Mexiko etwa 990 öffentliche und 1.150 private Universitäten. In den weniger zahlreichen öffentlichen Universitäten sind jedoch zwei Drittel der gesamten Studierenden immatrikuliert.

Mehr Informationen zum Bildungssystem in Mexiko in deutscher Sprache finden Sie auf einer Internetseite des Bundesministeriums für Bildung und Forschung unter: www.kooperation-international.de/mexiko/themes/international/fub/laender/forschungs-bildungslandschaft/bildungslandschaft/.

Sie können die Schule oder Hochschule Ihrer Kinder frei wählen, der Einzugsbereich spielt keine Rolle. Kinder sollten aus Sicherheitsgründen nicht allein mit öffentlichen Verkehrsmitteln fahren oder allein zu Fuß zur Schule gehen.

9.2 Kinder zweisprachig erziehen

Für Kinder, besonders für sehr kleine, ist das Leben in einem anderssprachigen Land häufig einfacher und sie passen sich schneller und besser an als ihre Eltern. Für eine neue Sprache sind sie offener. Kleinkinder lernen die neue Sprache intuitiv, so wie sie ihre Muttersprache erlernen bzw. erlernt haben. Ein besonderer Vorteil besteht, wenn die Kinder in Mexiko geboren werden oder innerhalb ihres ersten Lebensjahres nach Mexiko ziehen, da sie in diesem Alter noch in der Lage sind, problemlos neue Laute nachzuahmen, wie zum Beispiel das gerollte „r". Nach dem dritten Lebensjahr wird die zweite Sprache neurophysiologisch anders erlernt als die Muttersprache und viele Forscher gehen davon aus, dass nach der Pubertät das Erlernen einer Fremdsprache auf Muttersprachenniveau nicht mehr möglich ist (siehe hierzu z. B. Müller et. al. (2006): Einführung in die Mehrsprachigkeitsforschung).

Je früher Kinder mit einer (zweiten) Sprache in Kontakt kommen, desto leichter fällt ihnen der Erwerb und desto besser ist ihre Aussprache. Kinder können problemlos mehrere Sprachen gleichzeitig erlernen, die Muttersprache leidet nicht unter dem Erwerb einer zweiten Sprache. Häufig fangen Kinder, die zweisprachig erzogen werden, später an zu sprechen. Das ist jedoch kein Grund zur Sorge. Auch kommt es vor, dass zweisprachig erzogene Kinder beim ersten Sprechen Wörter aus beiden Sprachen mischen oder auch nur eine Sprache, meist die Umgebungssprache, sprechen. Auch hier besteht kein Grund, sich zu sorgen: Die Kinder lernen schnell die beiden Sprachen auseinanderzuhalten. Sollten sie eine Sprache gar nicht sprechen, obwohl die Eltern sie zu Hause benutzen, beweisen die Kinder ihre verborgenen Sprachkenntnisse oft dann, wenn sie in eine Umgebung gebracht werden, wo die relevante Sprache dominiert. So ist es möglich, dass Kinder deutscher Eltern, die in Mexiko aufwachsen, dort eher oder ausschließlich Spanisch sprechen und eventuell sogar Probleme mit der deutschen Aussprache oder Grammatik haben. Leben diese Kinder für einen längeren Zeitraum in Deutschland, verschwinden diese Probleme mit der deutschen Sprache jedoch schnell.

Es gibt immer eine dominierende Sprache – sowohl bei zweisprachig erzogenen Kindern als auch bei Personen, die erst später in eine anderssprachige Umgebung gezogen sind. Meist wird in dieser Sprache die meiste Zeit kommuniziert und auch gedacht. So machen viele Deutsche nach einem längeren Aufenthalt im Ausland bei ihrer Rückkehr Grammatikfehler beim Sprechen der deutschen Sprache, indem sie zum Beispiel die Regeln der während ihres Auslandsaufenthaltes dominierenden Sprache auf die deutsche anwenden.

Wenn Sie Ihr Kind zweisprachig erziehen möchten, ist es wichtig, dass Sie mit ihm nur in einer Sprache, nämlich der deutschen, kommunizieren! Mischen Sie nicht Deutsch mit Spanisch, sondern sprechen Sie konsequent in Ihrer Muttersprache mit dem Kind.

Literaturtipps zum Thema:

> Leist-Villis, Anja (2008): *Elternratgeber Zweisprachigkeit*
> Triarchi-Hermann, Vassilia (2006): *Mehrsprachige Erziehung. Wie Sie Ihr Kind fördern*
> www.familienhandbuch.de/cms/Erziehungsbereiche_Mehrsprachigkeit.pdf

9.3 Freizeitangebote für Kinder

Da Mexiko, wie eingangs gesagt, ein sehr kinderreiches und -liebes Land ist, gibt es zahlreiche sportliche, künstlerische und andere Freizeitangebote für Kinder. Der Auswahl von Judogruppen über Musikunterricht bis hin zu Tanzstunden sind keine Grenzen gesetzt. Auch kirchliche Jugendgruppen gibt es.

Informationen über aktuelle Freizeitangebote, Konzerte, Theater etc. für Kinder findet man auf der Homepage des *Consejo Nacional para la Cultura y las Artes* unter dem Stichwort *„niños"*: www.ecultura.gob.mx/ninos/index.php?lan=

10. Kapitel:
POLITISCHES UND HISTORISCHES

10.1 Kurzer Überblick über die Geschichte Mexikos

*Die indigenen Völker:
Von der ersten Besiedelung bis zur Eroberung der Spanier*

Die ersten Menschen kamen vermutlich um 20.000 vor Christus von Nordwestasien über Alaska auf den amerikanischen Kontinent. Damals lag der Wasserspiegel tiefer und es gab eine Landbrücke zwischen den beiden Kontinenten. Nach und nach wanderten verschiedene nomadische Gruppen auf den unbewohnten Kontinent. Schon um 3000 vor Christus waren Mais und Bohnen die Grundnahrungsmittel der auf dem heutigen mexikanischen Gebiet lebenden Völker.

Die ersten Vorfahren der Maya kamen vermutlich um 2500 v. Chr. von Guatemala und Belize in das Territorium des heutigen Mexiko.

Das Gebiet der frühen Hochkulturen reichte vom zentralen mexikanischen Hochland bis nach Nicaragua.

Das Volk der **Maya** entwickelte sich zur größten und einer der am weitesten entwickelten Zivilisationen in der klassischen Epoche im heutigen Mexiko. Seine Blütezeit liegt zwischen 300 und 900 nach Christus. Zu dieser Zeit entstanden religiöse und politische Stätten und Zentren wie Palenque in Mexiko, Copán in Honduras, Tikal oder Uaxactún in Guatemala, deren Ruinen heute Touristenattraktionen sind. Die Maya konstruierten ein weitläufiges Straßennetz, das die einzelnen Stätten miteinander verband und Handel ermöglichte. Um 900 schwand die Macht des Maya-Imperiums schlagartig. Das ist unter anderem daran zu erkennen, dass die Inschriften und Zeichnungen an Tempeln und anderen Bauten sowie die Bautätigkeit als solche aufhörten. Die Gründe für den plötzlichen Untergang des Reiches sind unklar. Als mögliche Ursachen werden Krankheiten, Seuchen, verheerende Klimaereignisse oder -veränderungen, Kriege oder auch der Einschlag eines Meteoriten angenommen. Das Volk der Maya verschwand jedoch nicht. Im Laufe der Geschichte vermischten sie sich mit anderen Völkern, zum Beispiel den **Tolteken,** und noch heute sprechen etwa 900.000 Menschen in Mexiko eine Sprache aus der Maya-Sprachfamilie.

Etwa zur gleichen Zeit, als die Präsenz der Maya drastisch zurückging, zerfiel auch das Reich der **Zapoteken,** deren Machtzentrum Monte Albán im Tal von Oaxaca war. Im 13. Jahrhundert übernahmen die **Mixteken** in diesem Raum die Macht.

Dort, wo heute Mexiko-Stadt liegt, war vor 1500 Jahren ein großer See, Texcoco, an dessen Ufern sich verschiedene Völker angesiedelt hatten. Sie erbauten unter anderem die Großstadt Teotihuacán, deren Blütezeit für die Zeit zwischen 200 und 600 datiert ist.

Nachdem die Stadt im 8. Jahrhundert zerfallen war, erbauten die **Tolteken** ihre Hauptstadt Tula nach deren Vorbild unweit der alten Riesenstadt. Tula wurde im 11. Jahrhundert von den Azteken zerstört. Die wenigen erhaltenen Ruinen der einst mächtigen Stadt sind für Touristen zu einer archäologischen Besichtigungsstätte ausgebaut worden.

In Yucatán vermischten sich die Tolteken mit den Mayas und bauten gemeinsam Chichen Itzá wieder auf.

Gegen Ende des 13. Jahrhunderts wurde Chichen Itzá vermutlich bei Kämpfen gegen rivalisierende Stämme zerstört und erneut verlassen. Nur kurze Zeit später eroberten die **Itzá** große Teile Yucatáns, unterdrückten die Maya und bevölkerten Chichén Itzá wieder. Ihre Herrschaft dauerte knapp 200 Jahre, bis die Maya sich im 15. Jahrhundert erfolgreich gegen ihre Unterdrücker auflehnten.

Der endgültige Niedergang der Maya erfolgte im 16. Jahrhundert durch die spanischen Eroberer. Missionare und Konquistadoren vernichteten fast alle schriftlichen Zeugnisse der Ureinwohner.

Die **Azteken** ließen sich im 13. Jahrhundert, nachdem ihre Eroberungsversuche auf dem Festland fehlgeschlagen waren, auf einer kleinen Insel im

See Texcoco nieder und begannen mit dem Bau der Stadt Tenochtitlán. Der Ort war ihnen durch ihren Stammesgott Huitzilopochtli zugewiesen worden: Sie sollten sich dort niederlassen, wo sie einen Adler auf einem Kaktus eine Schlange verspeisen sahen. Dieses Bild wurde 1822 zum Staatsemblem von Mexiko erkoren und krönt heute die mexikanische Nationalflagge und die Rückseite des Pesos.

Die **Tlaxcalteken**, deren Herrschaftsgebiet im Becken von Puebla-Tlaxcala lag, widersetzten sich ebenso wie das Volk der **Tarasken**, die sich um den Pátzcuaro-See angesiedelt hatten, erfolgreich den Azteken. Gemeinsam mit diesen Völkern gelang es den Spaniern im 16. Jahrhundert, die Azteken zu besiegen.

Als die Spanier 1519 auf die Insel kamen, hatte das aztekische Volk ein machtvolles Imperium errichtet. Das armselige Dorf Tenochtitlán war zu einer majestätischen Stadt mit Palästen, Pyramiden, Straßen, Kanälen und Aquädukten mit etwa 100.000 Einwohnern herangewachsen.

Die Azteken sind das einzige Volk, dessen Untergang direkt auf die spanischen Eroberer zurückzuführen ist. Den Spaniern unter Führung von Hernán Cortés gelang es, von den Azteken unterdrückte Stämme auf ihre Seite zu bringen und so 1521 die prächtige Stadt in Schutt und Asche versinken zu lassen. Dem Conquistador (Eroberer) Hernán Cortés wurde nie ein Denkmal gesetzt, obwohl er die Geburt des heutigen Mexikos einläutete. Einzig eine Gedenktafel auf dem Platz der Drei Kulturen erinnert an die dramatischen Ereignisse:

> "El 13 de agosto de 1521, heroicamente defendido por Cuauhtémoc, cayó Tlatelolco en poder de Hernán Cortés. No fue triunfo ni derrota, fue el doloroso nacimiento del pueblo mestizo que es el México de hoy."
>
> (Originaltext und Hintergrundinfo unter http://tlatelolco-inah.gob.mx/index.php?option=com_content&view=article&id=44&Itemid=60&showall=1)
>
> „Am 13. August 1521, fiel Tlatelolco, heroisch verteidigt von Cuauhtémoc, in die Hände von Hernán Cortés. Es war weder ein Sieg noch eine Niederlage, es war die schmerzhafte Geburt des Mestizenvolkes, das das heutige Mexiko ist."

Auf den Trümmern der aztekischen Stadt erbauten die Spanier Mexiko-Stadt. Im historischen Zentrum der neuen Hauptstadt wurden auf den Ruinen ehemaliger aztekischer Paläste und Tempel neue Bauten errichtet wie zum Beispiel die Kathedrale oder der Palacio de Bellas Artes. Das Zentrum von Mexiko-Stadt gehört zum Weltkulturerbe (mehr Informationen unter whc.unesco.org/en/list/412). Mexico D. F. ist eine Insel gewesen. Der See wurde nach und nach trockengelegt.

Die Spanier: Von der Eroberung bis zur Unabhängigkeit

Nachdem die Azteken besiegt worden waren, herrschten die Spanier auf dem ehemaligen Herrschaftsgebiet der Azteken über ein großes Gebiet im zentralen Hochland. Schwieriger gestaltete sich die Eroberung von Yucatán, dem Gebiet der Tolteken und Maya. Hier gingen die Eroberer und Missionare sehr viel rigoroser vor: Während in Zentralmexiko einige Spanier sogar die Sprache der Urbevölkerung lernten und Bücher über deren Sitten und Lehren verfassten, vernichteten die Eroberer in Yucatán alle Dokumente und Schriften, die sie vorfanden.

Mitte des 16. Jahrhunderts waren alle großen indigenen Völker Mexikos von den Spaniern unterworfen worden. Auch Mittelamerika und Südamerika waren größtenteils erobert. Die Spanier versklavten die Bevölkerung, enteigneten sie und zwangen sie zur Arbeit. Völker, die sich ihnen freiwillig angeschlossen hatten oder im Kampf gegen die Azteken ihre Verbündeten gewesen waren, wurden oft besser behandelt. Die Regierung befürwortete die Ausrottung und Ausbeutung der Urbevölkerung nicht. Allerdings sahen sie oft keine andere Möglichkeit, als den Durst nach Reichtum der spanischen Eroberer mit den Ländereien der Ureinwohner ein wenig zu stillen. Einige Gouverneure, die die Provinzen verwalteten, versuchten, die Ausbeutung der indigenen Bevölkerung einzudämmen, andere trieben sie voran. Im 16. Jahrhundert wurden auch schwarze Sklaven aus Afrika angekauft, die gewissermaßen die indigene Bevölkerung entlasteten.

Die Spanier unternahmen Expeditionen in alle Regionen Mexikos auf der Suche nach Schätzen und Reichtümern. Allerdings wurden sie auf

10.1 Kurzer Überblick über die Geschichte Mexikos

ihrer Suche zunächst enttäuscht: Die verstreuten Völker, die sie auf ihren Reisen entdeckten, waren klein und besaßen wenig.

1530 jedoch entdeckten die Spanier in Michoacán Silber und schufen erste Silberminen. Einige Jahre später kamen weitere in Zacatecas, San Luis Potosí und Guanajuato hinzu. Die Silberminen brachten den Spaniern Reichtum und lockten mehr Siedler nach Mexiko. Die Ureinwohner wurden zur Arbeit in den Bergwerken gezwungen. Über 300.000 Spanier, größtenteils mittellose Menschen, die sich ein besseres Leben in der neuen Welt erhofften, wanderten während der Kolonialzeit in Mexiko ein.

Die Agrarwirtschaft veränderte sich entscheidend durch die spanischen Eroberer: Karren mit Rädern, Pflüge sowie davor gespannte Ochsen und Pferde erleichterten das Bestellen der Felder. Neue Tierarten wie Rinder, Schweine, Schafe, Ziegen und Gänse wurden importiert und neues Gemüse und Früchte angebaut wie Bananen, Kaffee und Mango aus Afrika und Asien. Die Kaffeepflanze stammt aus dem Königreich Kaffa in Äthiopien und wurde erst nach der spanischen Eroberung in Mexiko angebaut.

Die Kolonie wurde von dem spanischen Vizekönig, der auf Zeit ernannt wurde, regiert. Er war streng der spanischen Krone unterstellt und musste sich allerlei Einschränkungen und Kontrollen unterwerfen. Die zentrale Verwaltung sowie die legislative und exekutive Gewalt über das eroberte Gebiet hatte der Indienrat[3] inne, der sich aus hohen Adeligen zusammensetzte, die von der Krone berufen wurden.

Das Vizekönigreich Neuspanien reichte vom heutigen Florida bis nach Costa Rica und umfasste obendrein die Dominikanische Republik und die Philippinischen Inseln. Aufgrund dieser Größe wurde das Reich zunächst in vier *Real Audiencias*, administrative und rechtlich eigenständige Regionen, unterteilt: Mexiko, Guatemala, Santo Domingo und Neugalizien (mit Sitz in Guadalajara). Chiapas gehörte lange Zeit zu Guatemala und wurde erst 1824 Mexiko angegliedert.

---

[3] Der Name *Consejo de Indias* (Indienrat) geht auf den Irrtum des Eroberers Christoph Columbus zurück, der bei seiner Ankunft auf dem neuen Kontinent annahm, er habe Indien gefunden. Daher auch die Bezeichnung *indios* für die dort lebende indigene Bevölkerung.

10. Politisches und Historisches

Rechte und Schutz der indigenen Bevölkerung

Vor allem die Theologen setzten sich auf dem neuen Kontinent mit der Frage der Legitimation der Herrschaft und vor allem deren Methoden auseinander. Der Bischof Bartolomé de Las Casas verfasste eindrückliche Berichte über die unmenschliche Behandlung der Indios und forderte Gerechtigkeit. 1543 erließ die spanische Krone daraufhin die *Nuevas Leyes* zum Schutz der indigenen Bevölkerung. Sie schrieben die Freiheit der Indios vor und verboten es, Ureinwohner zur Zwangsarbeit zu benutzen. Außerdem sollten die *Encomiendas* abgeschafft werden. Die eroberten Gebiete waren in *Encomiendas* unterteilt worden, denen ein spanischer *encomendero* vorstand, der die Indios schützte und für ihre religiöse Bildung sorgte. Sozusagen als Gegenleistung zwang er sie zu Arbeit oder forderte Abgaben.

Aufgrund hoher Proteste der Eroberer sah sich der spanische König gezwungen, die Encomiendas weiterhin zuzulassen. Die Durchführung der neuen Gesetze verlief sehr schleppend.

1592 wurde ein indianisches Gericht eingerichtet, das über Fälle urteilte, die die indigene Bevölkerung betrafen.

In Mexiko herrschte eine Klassengesellschaft, an deren Spitze der spanische Adel und die Gachupínes (in Spanien Geborene) standen. Nur den Gachupínes war es erlaubt, hohe politische Ämter zu erlangen. Den *Criollos* (Kreolen), den in Mexiko Geborenen spanischer Abstammung, und den Mestizen, Mexikaner mit spanischen und indigenen Wurzeln, war nur der Zugang zu niederen, regionalen Ämtern erlaubt. An unterster Stelle in der sozialen Schichtgesellschaft standen die Ureinwohner, denen auch nach Erlassung der Neuen Gesetze kaum Rechte zugestanden wurden. Einzig die wenigen schwarzen Sklaven hatten noch weniger Rechte.

10.1 Kurzer Überblick über die Geschichte Mexikos

Etablierung des mexikanischen Staates:
Von der Unabhängigkeit bis zur Revolution

Es erwies sich als schwierig, den amerikanischen Kontinent nach dem spanischen Vorbild zu organisieren. Oft wichen Vorstellung und Realität stark voneinander ab.

Vor allem das Aufbegehren der benachteiligten Kreolen, nicht selten Priester der katholischen Kirche, und die politischen Spannungen und die Instabilität in Spanien trugen zum Wunsch nach Unabhängigkeit in Mexiko bei. Auch die Gedanken der Aufklärung hatten Mexiko erreicht und vor allem kreolische Intellektuelle berührt.

Einen der ersten Aufstände und zweifelsohne den bekanntesten in Mexiko führte 1810 der Priester Miguel Hidalgo an. In seinem berühmten *Grito de la Independencia* (Unabhängigkeitsschrei) forderte er Bauern und Kreolen dazu auf, sich gegen die Regierung aufzulehnen. Er forderte unter anderem die Aufhebung der Sklaverei. Es gelang ihm und seinen Anhängern zunächst, Guanajuato einzunehmen, gefolgt von Zacatecas, Jalisco, Nuevo León und Texas.

Auch wenn die Rebellen 1811 von königlichen Truppen geschlagen und die Anführer Miguel Hidalgo, Ignacio Allende, Juan Aldama und José Mariano Jiménez hingerichtet und ihre Köpfe in Guanajuato zur Schau gestellt wurden, war dies keineswegs das Ende der Unabhängigkeitsbewegung. Es war vielmehr der Anfang.

Heute ist der 16. September mexikanischer Nationalfeiertag und in der Nacht vom 15. zum 16., die Nacht des *Grito de la Independencia* von Miguel Hidalgo, wird überall in Mexiko gebührend gefeiert. Hidalgo wurde zum *padre de la patria* (Vater der Heimat) ernannt, obwohl die Unabhängigkeit erst 10 Jahre später ausgerufen wurde.

Nach zahlreichen mehr oder weniger erfolgreichen Aufständen kam es 1820 zu einer Einigung des Feldherrn Agustín de Iturbide mit den aufständischen Guerilleros in der Stadt Iguala. Die Hauptpunkte der Vereinbarung wurden im *Plan de Iguala* festgehalten. Darin stand unter anderem, Mexiko

10. Politisches und Historisches

sei unabhängig, die katholische Religion die einzig anerkannte und alle Einwohner Mexikos, unabhängig von ihrer Herkunft, hätten gleiche Rechte bezüglich der Berufswahl. (Die einzelnen Punkt des *Plan de Iguala* sind nachzulesen unter www.tamu.edu/ccbn/dewitt/iguala.htm.)

Der Feldherr Iturbide wurde zum Kaiser über die nun unabhängige Monarchie ernannt. Nach nur einem Jahr wurde er aufgrund seiner selbstgefälligen autokraten Regierungsweise zur Abdankung gezwungen und Mexiko zur Republik erklärt. Guadalupe Victoria, der bereits an der von Hidalgo angeführten Revolution teilgenommen hatte, wurde ihr erster Präsident. Die Revolution hatte überflutete Silberminen, verbrannte Felder und ausgerottete Höfe hinterlassen. Nicht nur *gapuchines*, auch Handwerker und Händler flohen nach Spanien. Die Wirtschaft Mexikos lag brach. Die neue Republik war von Kämpfen zwischen Liberalen und Konservativen, schnellen Regierungswechseln und Unerfahrenheit der Politiker gekennzeichnet. Zwischen 1824 und 1855 wechselte die Regierung 48 Mal, elf Mal erlangte der General Antonio López de Santa Ana die Präsidentschaft. Er ist der Prototyp der *Caudillo*-Figuren, der Militärs, die sich zu jener Zeit an die Macht putschten. Die 1824 ausgerufene Verfassung wurde ständig zugunsten der jeweiligen Machtinhaber umgeschrieben. Das allgemeine Wahlrecht diente den Konservativen als Korruptionsinstrument, die die Wahl der Analphabeten oder der nicht Spanisch sprechenden Bevölkerung beeinflussten oder übernahmen.

1822 verlief Mexiko von Florida bis Panama und umfasste knapp 4,5 Mio km^2 Land. Der General Iturbide hatte Zentralamerika zwingen können, sich Mexiko anzugliedern. Nach seiner Abdankung jedoch trennten sich die Staaten von Mexiko und gründeten die Zentralamerikanische Konföderation, die 1838 in die noch heute existierenden fünf Staaten Guatemala, Honduras, Nicaragua, Costa Rica und Panama zerfiel.

In der Region in Texas wurden angloamerikanische Siedler zugelassen, sofern sie die mexikanische Staatsbürgerschaft annahmen und sich zum katholischen Glauben bekannten. Um 1830 waren 75 % der Siedler in Texas angloamerikanischer Abstammung, die in ihrer Sprache kommunizierten und dem protestantischen Glauben anhingen. Als die mexikanische Regierung die Einwanderungsregeln verschärfte und den Handel mit den USA eindämmte, wurden die Rufe nach Unabhängigkeit in Texas immer lauter. Texas erklärte 1835 seine Unabhängigkeit und wurde daraufhin blutig von mexikanischen Truppen unter der Führung von Santa Ana niedergemetzelt.

Auch ein Krieg mit den Franzosen bahnte sich an, die eine Entschädigung für an französischen Einwanderern verübte Gräueltaten forderten. Nach einem mehr oder weniger erfolglosen Angriff der Franzosen auf Veracruz einigten sich beide Seiten auf die von Frankreich geforderte Summe.

Texas blieb trotz des Eingriffs Santa Anas unabhängig, suchte jedoch um Angliederung an die USA. Die USA forderten den Fluss *Rio Bravo* als Grenze zwischen den USA und Mexiko. Das bedeutete für Mexiko einen Gebietsverlust von fast der Hälfte seines Territoriums. Die Amerikaner boten den Mexikanern eine Entschädigung von 5 Millionen Dollar. Diese lehnten ab.

So erklärten die USA 1846 Mexiko den Krieg. Ein Jahr später marschierten die amerikanischen Truppen in Mexiko-Stadt ein. Das Schloss Chapultepec wurde unter anderem von zahlreichen Kindersoldaten verteidigt, von denen einige, als die Niederlage nicht mehr zu verhindern war, sich mit der mexikanischen Flagge in den Abgrund stürzten. Diese Kinder werden heute als *Niños Heroes* (Kinderhelden) verehrt. Ein Gemälde im Schloss erinnert an ihre Heldentaten. Die Mexikaner mussten einen Friedensvertrag unterzeichnen, in dem sie Texas, Kalifornien, Arizona und New Mexico an die USA abtraten.

Etwa 25.000 mexikanische Soldaten waren im Krieg gefallen und Mexiko hatte knapp die Hälfte seines Territoriums verloren. Der General Santa Ana nutzte die Gunst der Stunde, kam aus seinem Exil, in das er verwiesen worden war, zurück und errichtete erneut eine Monarchie. Um seine kostspielige Hofhaltung zu finanzieren, verkaufte er 1853 das Gebiet *La Mesilla* im Norden Coahuilas für 10 Millionen Dollar an die USA. Daraufhin wurde er 1855 endgültig des Landes verwiesen.

10. Politisches und Historisches

Die hohen Landverluste an die USA und die Demütigung durch die US-amerikanischen Soldaten schürten bei den Mexikanern eine starke, noch immer schwelende Abneigung gegen die US-Amerikaner, die sie abwertend *gringos* nennen.

In der darauf folgenden Ära brachten zahlreiche Reformen Ordnung in das politische und wirtschaftliche Chaos, trennten Kirche und Staat und beschnitten die Macht des Klerus. Zwei Schlüsselfiguren dieser Zeit waren die Juristen Benito Juárez und Miguel Lerdo de Tejada, die unter anderem in den 1850er Jahren die Sonderrechte (*fueros*) der Kirche und des Militärs aufhoben (*ley Juárez*) sowie einen Zwangsverkauf der kirchlichen und staatlichen Besitztümer (*ley Lerdo*) bewirkten. Die neue Verfassung 1858 entsprach in ihren Grundzügen der alten von 1823, jedoch wurden die Adelstitel abgeschafft, alle Männer ab 21 Jahren waren wahlberechtigt, gewisse Grundrechte wurden garantiert und die römisch-katholische Religion wurde nicht ausdrücklich als einzige Religion anerkannt.

Den Konservativen missfielen die neue Verfassung und die Reformen. Die Kirche drohte sogar jedem, der die Verfassung unterstützte, mit Exkommunizierung. 1858 putschte der konservative General Félix Zuloaga und ersetzte den liberalen Präsidenten Ignacio Comonfort. Die Liberalen hatten diesen bereits zuvor für abgesetzt erklärt und Benito Juárez in Querétaro zum neuen Präsidenten ernannt. Als die konservativen Truppen anrückten, floh Benito Juárez mit seiner Gefolgschaft nach Veracruz. So gab es zwei Regierungen in Mexiko. Die eine stand für *religión y fueros* (Religion und Sonderrechte), die andere für *constitución y legalidad* (Grundgesetz und Legalität). Ein dreijähriger Bürgerkrieg (*Guerra de Reforma*) folgte und endete 1860, nachdem den Konservativen das Geld für ihre Truppen ausgegangen war, mit dem Einzug von Benito Juárez in Mexiko-Stadt. Bei den darauf folgenden Wahlen wurde Juárez mit großer Mehrheit zum Präsidenten gewählt.

Die Folgen des Krieges waren wiederum in der Wirtschaft zu spüren: Mexiko war abermals bankrott und konnte seinen Zahlungen für internationale Darlehen nicht nachkommen.

Frankreich nutzte die Gunst der Stunde und griff Mexiko mit der Absicht, von dort aus ein französisch dominiertes Lateinamerika durchzusetzen, an. Der Plan misslang, die französischen Truppen wurden bei Puebla am 5. Mai 1862 geschlagen. Noch heute erinnert ein Feiertag an diesen Sieg. Ein Jahr später jedoch kehrten die Franzosen mit einer stärkeren Streitmacht zurück, marschierten in Mexico D. F. ein und ernannten Maximilian, den Bruder des Kaisers von Österreich-Ungarn, zum Monarchen. Dieser wurde jedoch weder von konservativer noch von liberaler Seite akzeptiert. 1866 wurden die Franzosen von den USA aufgefordert, sich aus Mexiko zurückzuziehen, was sie auch nach und nach taten. Maximilian wurde von Republikanern gefangen genommen und hingerichtet und Benito Juárez erneut zum Präsidenten gewählt. Es gelang ihm und dem Finanzminister Matías Romero, die Wirtschaft wieder anzukurbeln. Die erste Eisenbahnstrecke zwischen Mexico D. F. und Veracruz wurde gebaut.

Nachdem Benito Juárez 1872 plötzlich an Herzversagen starb, wurde Sebastián Lerdo de Tejada, Bruder des Reformers Miguel Lerdo de Tejada, Präsident. Kurz nach seiner Wiederwahl 1876 wurde er von dem Feldherrn José de la Cruz Porfirio Díaz Mori, der sich im Krieg gegen die Franzosen in Puebla ausgezeichnet hatte, gestürzt. Porfirio Díaz schuf eine konstitutionelle Diktatur, die er 34 Jahre lang direkt oder indirekt regierte. Er und seine Anhänger propagierten ein fortschrittliches Mexiko und kopierten wirtschaftliche und kulturelle Elemente aus Europa. So entstanden zu dieser Zeit Bauwerke, die Gotik mit italienischer Renaissance und französischen Stilelementen vereinten. Mexiko-Stadt wuchs zu einer beeindruckenden Metropole mit breiten Avenidas und herrschaftlichen Gebäuden heran.

Porfirio Díaz gelang ein breitflächiger wirtschaftlicher Aufschwung und auch die Bevölkerung stieg von 9,1 Millionen (1877) auf 15 Millionen (1910) an. Der Aufschwung wurde durch ausländische Investoren begünstigt.

Der indigenen Bevölkerung erging es eher schlechter als vorher. Es kam erneut zu Enteignungen und die Lage der Landarbeiter, die oft auf ihrem eigenen, enteigneten Boden zur Arbeit gezwungen wurden, war nach wie vor schlecht. Auch Fabrikarbeiter, zu einem Großteil Frauen und Kinder, wurden schlecht behandelt und waren der Willkür des Arbeitgebers ausgesetzt. In unzähligen Streiks – obwohl Streiken verboten war – protestierten die Arbeiter gegen die menschenunwürdigen Bedingungen. Das Regime antwortete mit Militärgewalt und Unterdrückung. Die Unruhen im Land wie auch die Abneigung gegen den Diktator wuchsen. Neben den Revolten auf dem Land begegnete dem mittlerweile greisen Diktator noch eine ganz andere Herausforderung: Die internationale Überproduktion von Silber und anderen mexikanischen Exportprodukten zog eine Wirtschaftskrise nach sich. Mexiko verschuldete sich immer stärker und der Peso wurde um 50% abgewertet, was für die Bevölkerung verheerende Folgen hatte.

Die Opposition wurde unter Führung des Gutsbesitzers Francisco Ignacio Madero González, der ein regime-kritisches Buch veröffentlicht hatte, immer lauter und wurde durch die USA, denen die Wirtschaftspolitik Porfirios und dessen starke Zuwendung zu Europa missfiel, unterstützt.

Die Reform-Ära: Von der Revolution bis zur Moderne

Im Oktober 1910 rief Madero, der in die USA geflohen war, seine Landsleute zur Revolution auf. Der Aufstand begann im Norden unter militärischer Führung von Pascual Orozco Vázquez und Francisco „Pancho" Villa und hatte sich im Frühjahr 1911 bis nach Baja California und Morelos unter Führung von Emiliano Zapata ausgebreitet. Arbeitslose Arbeiter, Bergleute, Bauern und *vaqueros* vereinten sich, um gemeinsam die diktatorische Regierung zu stürzen.

Obwohl Porfirio Díaz im Mai 1911 zu seiner Abdankung gezwungen und Madero zum Präsidenten ernannt wurde, bedeutete dies keineswegs das Ende der Revolution. Madero erwies sich als schwacher, inkonsequenter Machthaber, der keiner Forderung der Revolutionäre nachkam.

Somit kam es im November 1912 erneut zu Aufständen. Die Ziele der Rebellen unter Führung Zapatas waren klar und eindeutig: Sie wollten ihre Ländereien zurück, die ihnen geraubt worden waren. Unter dem

10.1 Kurzer Überblick über die Geschichte Mexikos

Motto *tierra y libertad* (Erde und Freiheit) brachten sie gewaltsam Höfe und Felder in ihren Besitz. General Victoriano Huerta wurde von Madero damit beauftragt, den Militärputsch eines Neffen des früheren Diktators Porfirio niederzuschlagen. Stattdessen einigte sich dieser jedoch mit den Putschisten und ließ sich zum Präsidenten ernennen. Abermals wurde Mexiko weitere 16 Monate von einem konservativen Diktator regiert, der den Kongress auflöste und mit großer Brutalität gegen die Rebellen vorging. Es gelang ihm jedoch, weder die Aufstände im Norden – angeführt von Pancho Villa (*villismo*) – noch die Revolutionsbewegung der Zapatistas im Süden (*zapatismo*) zu ersticken. Auch im Nordwesten des Landes, in Sonora, lehnte sich die Bevölkerung gegen Huerta auf – hauptsächlich, um Madero zu rächen (*maderismo*). Gemeinsamer politischer Führer der *villistas* und Sonorenser war der Gutsbesitzer Venustiano Carranza, der während der Regierung Maderos Senator gewesen war. Nachdem die Truppen der Rebellen Mexiko-Stadt erreicht hatten, floh Huerta 1914 nach Spanien und Carranza wurde Präsident.

Auch er entsprach nicht den Erwartungen der *zapatistas* und *villistas*. Ihre Bemühungen, ihn zu entmachten, scheiterten jedoch.

Eine Nationalversammlung arbeitete eine neue Verfassung aus, die am 5. Februar 1917 in Kraft tat. Sie war vor allem in ihren Rechten für Arbeiter sehr fortschrittlich. Der Acht-Stunden-Tag wurde eingeführt, ein Ruhetag pro Woche vorgeschrieben sowie gleicher Lohn für Männer und Frauen. Außerdem beschnitt die Verfassung die Macht der Kirche, ihr Wirken in Grundschulen wurde untersagt. Großgrundbesitze sollten verkleinert werden und Nicht-Mexikanern wurde der Landbesitz verboten. Allerdings missfiel die Verfassung dem Präsidenten und fand daher zunächst wenig Anwendung.

Die Revolution hatte ihre Tribute gefordert: Über eine Millionen Menschen waren ihr zum Opfer gefallen und Teile des Landes verwüstet. Dennoch gelang es Carranza, die Wirtschaft wieder anzukurbeln, was nicht zuletzt durch die gesteigerte Produktnachfrage des Krieg führenden Europas begünstigt wurde.

10. Politisches und Historisches

Auch Carranza wurde 1920 zur Abdankung gezwungen, als er sich mit der revolutionären Machtelite nicht über die Präsidentschaftsnachfolge einigen konnte. Der Sonorenser General Àlvaro Obregón Salido wurde neuer Präsident und begann sofort mit der Durchführung zahlreicher Reformen. Er befürwortete die Gründung von Gewerkschaften, nahm *zapatistas* und *villistas* ins Regierungskabinett auf, gründete zahlreiche neue Schulen und bekämpfte den Analphabetismus und die Unbildung, unter anderem durch Schaffung von *murales*[4]. Außerdem gab er den indianischen Kommunen und Bauern über eine Millionen Hektar Land zurück.

Sein Nachfolger, der Revolutionsgeneral Plutarco Elías Calles Campuzano, war noch reformfreudiger: Er verteilte drei Millionen Hektar Land neu, baute das Bildungswesen weiter aus und führte Vorsichtsmaßnahmen zum Schutz vor ansteckenden Krankheiten ein. In seinem Reformeifer entmachtete er die Kirche völlig, schloss sogar Klöster und verwies nichtmexikanische Priester und Nonnen des Landes. Den darauf folgenden Aufstand katholischer Bauern, die *cristero*-Rebellion, bekämpfte er rigoros, wobei 50.000 Menschen ums Leben kamen. 1929 ließ er nach Vermittlungsgesprächen zwar die Kirchen wieder öffnen, die absolute Trennung von Kirche und Staat blieb jedoch fortan bestehen.

Im gleichen Jahr wurde die Partei *Partido Nacional Revolucionario* (PNR) gegründet, die sich seit 1946 *Partido Revolucionario Institucional* (PRI) nennt und seit ihrer Gründung bis 2000 jeden Staatspräsidenten stellte. Der erste Präsident des PRI war General Lázaro Cárdenas del Río, zu dessen Verdienst unter anderem die Verstaatlichung der Erdölproduktion und der Eisenbahnindustrie zählt. Andere Bodenschätze sowie die Wasser- und Energieversorgung waren bereits von seinen Vorgängern verstaatlicht worden. Er sprach sich klar gegen den Faschismus aus und zahlreiche europäische Flüchtlinge erhielten in Mexiko Asyl.

---

[4] *Murales* sind riesige Wandgemälde, die an Stellen gemalt wurden, die einer großen Öffentlichkeit zugänglich waren. Sie stellten zum Beispiel Szenen aus der Geschichte Mexikos dar und sollten zur kritischen Auseinandersetzung mit dieser anregen. Häufig waren sie auch politisch motiviert und sollten auf Ausgrenzung oder Korruption aufmerksam machen.

10.1 Kurzer Überblick über die Geschichte Mexikos

Entspannung: Vom Ende der Reform-Ära bis heute

Mit der Absetzung Lázaro Cardenas geht die Epoche der Revolutionen und Reformen in Mexiko 1940 zu Ende. Der auf ihn folgende Präsident Àvila Camacho bemüht sich nicht mehr um Veränderungen, sondern um Einheit im Staat, um *unidad nacional*. Er entspannte das Verhältnis von Kirche und Staat, indem er sich öffentlich zum Katholizismus bekannte und der Kirche erlaubte, Bildungseinrichtungen zu gründen. Während des Zweiten Weltkrieges stand Mexiko auf der Seite der Alliierten und näherte sich politisch den USA, aus Furcht vor einem Angriff von Japan auf angrenzende Gebiete, an. Mexiko sandte 300.000 Arbeiter in die USA, die die in den Krieg gezogenen Landarbeiter dort ersetzen sollten. Der Krieg wirkte sich wiederum positiv auf die Wirtschaft Mexikos aus, die vor allem im Außenhandel während der Weltwirtschaftskrise der 30er Jahre Einbußen hinnehmen musste.

Der folgende Präsident Miguel Alemán Valdés bemühte sich um den Ausbau der Infrastruktur, den Bau von Staudämmen und die Verbesserung der Arbeitsbedingungen und Sozialleistungen. Ausländische und mexikanische Investoren trieben den wirtschaftlichen Aufstieg weiter voran, sodass in den 70er Jahren ein jährliches Wirtschaftswachstum von 6,5 % zu verzeichnen war, was gemeinhin als das mexikanische Wirtschaftswunder bezeichnet wird. Der Anteil an Landarbeitern ging zurück, dafür stieg die Zahl der Angestellten im Industrie- und Dienstleistungssektor. Die Bevölkerung wuchs beträchtlich, die Sterblichkeitsrate sank und die Lebenserwartung stieg von 41 (1940) zunächst auf 60 Jahre (1980), dann auf 77 Jahre für Frauen und 72 für Männer (1999).

Die folgende Regierungsperiode des PRI war gekennzeichnet von Unruhen im Land, deren Höhepunkt eine Studentendemonstration war, die vom Militär niedergeschossen wurde, zwei Wirtschafts- und Finanzkrisen, unter anderem bedingt durch fallende Ölpreise, sowie Ämtertausch und Korruption hoher Politiker. Das Freihandelsabkommen, das 1944 mit den USA und Kanada abgeschlossen wurde, brachte nur einen kurzen wirtschaftlichen Aufschwung.

10. Politisches und Historisches

Die Mexikaner verloren aufgrund der Krise und nicht zuletzt auch durch das brutale Vorgehen gegen die Studentendemonstrationen immer mehr das Vertrauen in die Staatspartei, sodass die PRI 1994 nur noch einen fragwürdigen Wahlsieg gegen die Oppositionspartei PAN erringen konnte.

2000 schließlich gewann die Partei PAN die Präsidentschaftswahl, ebenso wie in der darauf folgenden Wahl 2006. Die neue Regierung bemühte sich um saubere Wahlen und reformierte 2007 zum Beispiel das *Instituto Federal Electoral* (IFE), die unter anderem die Durchführung von freien, geheimen Wahlen und den Zugang zu diesen für alle gewährleisten und Wahlbeeinflussung und -betrug verhindern sollen (mehr Informationen unter www.ife.org.mx).

Die nächsten Präsidentschaftswahlen finden 2012 statt.

Die hier genannten Daten und Fakten zur Geschichte Mexikos sind zwei Werken entnommen, die zur vertieften Auseinandersetzung zu empfehlen sind:

- Ruhl, Klaus-Jörg/Ibarra García, Laura (2000): Kleine Geschichte Mexikos – Von der Frühzeit bis zur Gegenwart. München: C. H. Beck'sche Verlagsbuchhandlung
- Sommerhoff, Gerhard/Weber, Christian (1999): Mexiko. Darmstadt: Wissenschaftliche Buchgesellschaft

10.2 Politik

Mexiko ist ein föderalistischer Staat mit 31 Bundesstaaten und einem Bundesdistrikt, Mexico D. F. (*Distrito Federal*).

1917 wurde die erste mexikanische Verfassung ausgerufen, die in ihren Grundzügen bis heute Gültigkeit hat, auch wenn sie vielfach reformiert worden ist. Mexiko wurde fast 100 Jahre von einer Partei regiert. Die 1929 gegründete Partei PRI (*Partido Revolucionario Institucional*), die sich selbst als sozialdemokratisch bezeichnet, stellte bis 2000 alle Präsidenten. Ihren letzten Wahlsieg 1994 erlangte sie unter äußerst zweifelhaften Umständen. Bei der Präsidentschaftswahl 2000 gewann Vicente Fox, Kandidat der bis dahin zweitstärksten, christlich-demokratischen, wirtschaftsliberalen Partei PAN (*Partido Acción Nacional*). Der Staatspräsident regiert für 6 Jahre und darf nicht wieder gewählt werden.

Mexikos Regierung ist ein Zweikammersystem, das sich in *Cámara de Diputados* (Abgeordnetenkammer), welche 500 Mitglieder umfasst, die alle drei Jahre neu gewählt werden, und *Senado de la República* (Senat) mit 128 Sitzen, die alle sechs Jahre gewählt werden, unterteilt. Die nächsten Wahlen des Präsidenten, der Abgeordneten und der Senatssitze finden 2012 statt. Die Abgeordneten der *Cámara de Diputados* werden alle drei Jahre neu gewählt.

Die PRI macht mit 237 Sitzen 48 % des Hauses aus, die PAN 28 %, die linkssozialdemokratische Partei PRD 14 %, die grüne Partei *Partido Verde* 4 %, die *Partido del Trabajo* 3 % sowie die *Nueva Alianza* und die *Convergencia* jeweils 2 % (Quelle: sitl.diputados.gob.mx/LXI_leg/info_diputados.php).

Die **Todesstrafe** wurde in Mexiko 2005 durch den Präsidenten Vicente Fox Quesada abgeschafft. Allerdings steht die Wiedereinführung zur Diskussion, was laut einer Meinungsumfrage des Instituts Consulta Mitofsky 76 % der mexikanischen Bevölkerung befürworten (siehe: www.consulta.mx/Estudio.aspx?Estudio=medidas-seguridad).

In Sachen **Umweltschutz** wacht die mexikanische Regierung langsam auf. So sind seit Sommer 2010 ökologisch abbaubare Plastiktüten im Supermarkt Vorschrift und die Benutzung von wieder verwendbaren Stoffbeuteln wird mit Anreizen wie Ökomarken, die man gegen eine Spende für Umweltprojekte eintauschen kann, belohnt.

Die grüne Partei *Partido Verde Ecologista de México* hat an Stimmen gewonnen. Allerdings setzt sie sich zwar für den Umweltschutz sowie die Erziehung zum Umweltbewusstsein ein, befürwortet aber andererseits die Todesstrafe und die Abschwächung von Genproduktkontrollen.

10. Politisches und Historisches

Der Präsident Felipe Calderón zeigte sich auf der Weltklimakonferenz 2010 als Visionär eines grünen Mexikos. In der Tat werden mehr und mehr Windräder gebaut, in Puebla entsteht derzeit ein 21 Millionen schweres Wasserkraftwerk und in Chiapas eine Biodieselanlage.

Mexikos Ziel ist es, 26 % der Energie in Mexiko durch regenerative Energien zu gewinnen, womit es der größte Produzent sauberer Energie Lateinamerikas wäre und weltweit unter den ersten 15 Ländern rangierte. Allerdings werden noch immer 70 % der Energie aus fossilen Brennstoffen gewonnen.

Pläne für die Reduzierung von Schadstoffen und Staubpartikeln in der Luft in Mexiko-Stadt, wo jeden zweiten Tag die Grenzwerte für Ozon und Feinstaub überschritten werden, gibt es. Einige wurden sogar in die Tat umgesetzt: So wurde in Guadalajara und Mexico D. F. das öffentliche Verkehrssystem mit der Einführung des Metrobusses erweitert. Die Zahl der fahrenden Autos wächst jedoch dennoch stetig. Interessante Artikel zum Thema Umwelt und Umweltpolitik in Mexiko:

- Pötter, B. (08.12.2010): Auf der Schwelle zum Kollaps – taz.de (www.taz.de/1/zukunft/umwelt/artikel/1/auf-der-schwelle-zum-kollaps-1/)
- El Economísta (07.12.2010): México sera líder de energía limpia – El Economísta (http://renewablesb2b.com/ahk_mexico/es/portal/hydropower/news/show/817e8dcb5ede7a2b)
- Informationen über erneuerbare Energien und deren Einsatz weltweit: www.renewablesb2b.com
- Plate, M. (24.11.2010): Die Probleme mit der Windenergie in Mexiko – Deutsche Welle (www.dw-world.de/dw/article/0,,6257677,00.html)

Mexiko war Gründungsmitglied der UNO und unterschrieb bereits 1948 die Allgemeine Erklärung der **Menschenrechte**. 1990 wurde die *Comisión Nacional de los Derechos Humanos* gegründet, deren Aufgabe die Durchsetzung und Überwachung der Einhaltung der Menschenrechte ist. Dennoch sind vor allem die ärmere Bevölkerung und regime-kritische Personen – zum Beispiel Journalisten, die sich kritisch gegenüber

Korruption oder die öffentliche Sicherheit aussprechen – Opfer von Menschenrechtsverletzungen. 2009 dokumentiert amnesty international 12 ermordete Journalisten. Außerdem gibt es zahlreiche Berichte über das „Verschwindenlassen" von zivilen Personen, Folter und anderen Gewaltanwendungen durch das Militär, dessen Präsenz im Land verstärkt wurde, um Drogenkartelle und die organisierte Gewalt im Land zu bekämpfen.

10.3 Wirtschaft

Das Schwellenland Mexiko musste 2009 aufgrund fallender Nachfrage an Exportgütern einen Wirtschaftseinbruch hinnehmen. Die Situation hat sich seitdem jedoch wieder entspannt und das Bruttoinlandsprodukt stieg von 7.267 US$ je Einwohner (2009) auf 9.657 US$ (2010). Dennoch ist das mexikanische Bruttoinlandsprodukt (*producto interno bruto – PIB*) eines der niedrigsten in ganz Lateinamerika.

Der am stärksten vertretene Sektor in Mexiko ist der Dienstleistungssektor mit 62,8 % (gemessen am BIP), gefolgt von der Industrie mit 32,9 %. Die ehemals so wichtige Agrarwirtschaft macht nur noch 4,3 % aus.

Angebaut werden in Mexiko vor allem Mais, Weizen, Sojabohnen, Reis, Bohnen, Baumwolle, Kaffee, Früchte und Tomaten. Die Industrie konzentriert sich auf Nahrungsmittel und Getränke, die Herstellung von Tabak, Chemikalien, Stahl und Eisen, Öl, Textilien, Motorteile etc.

Exportiert werden vor allem produzierte Waren, Öl- und Ölprodukte, Silber, Obst, Gemüse, Kaffee und Baumwolle. 2008 wurden geschätzte 291,3 Billionen US$ durch den Export erwirtschaftet, für 2009 werden nur 229,8 US$ erwartet. Wichtigster Exportpartner ist die USA, die 80,5 % der Exportgüter kauft, gefolgt von Kanada mit 3,6 %. Deutschland importiert 1,4 % der Exportgüter aus Mexiko.

Diese starke Dominanz der USA und Kanada als Exportpartner von Mexiko kommt nicht nur durch die regionale Nähe zustande, sondern ist vermutlich unter anderem auch auf das 1994 von den drei Ländern unterzeichnete Freihandelsabkommen NAFTA (North American Free Trade Agreement) zurückzuführen.

Mehr Informationen zum Thema NAFTA sowie Vor- und Nachteile finden Sie auf www.naftaworks.org/.

Wasser, Strom und die Erdölwirtschaft gehören dem mexikanischen Staat und werden von ihm subventioniert, um allen Mexikanern Zugang zu diesen Gütern zu ermöglichen. Auch der Handy-, Telefon- und Internetsektor war lange Zeit ein staatliches Monopol: *Telmex* heißt der Riesenanbieter, der allerdings nicht zum Ziel hatte, durch moderate Preise allen Einwohnern Mexikos den Handy-, Telefon- und Internetzugang zu ermöglichen. Erst in neuerer Zeit erschienen ernst zunehmende Konkurrenten wie *iusacell* oder *movistar* auf dem Markt und es gibt erstmals einen Wettbewerb.

10.4 Piraterie, Korruption und Drogenhandel

Piraterie

2009 waren acht von zehn verkauften Musik-CDs in Mexiko ein Piraterieprodukt. Filme, Musik, Computerprogramme und -spiele werden kopiert und auf Märkten und auf der Straße günstig verkauft. Dieses verbotene Geschäft bringt den Händlern insgesamt schätzungsweise 12.500 Millionen Dollar Gewinn pro Jahr und bedeutet für die mexikanische Wirtschaft allein im Verlagssektor einen Verlust von knapp 60.000 US$ pro Jahr.

Nicht nur elektronische Medien werden raubkopiert, auch Markenprodukte werden nachgemacht: Zwei Drittel der verkauften Turnschuhe in Mexiko sind unechte Markenware. Fast immer sind sich die Käufer dessen bewusst. Allein am Preis ist der Unterschied deutlich zu spüren. Je mehr man sich den Spaß kosten lässt, umso echter wirken die Kopien. So kann man zum Beispiel eine Tasche von „Gucci" zum halben Preis erstehen, die sich vom Original in nichts unterscheidet.

10.4 Piraterie, Korruption und Drogenhandel

Dem Staat gehen durch Piraterieprodukte auch erhebliche Steuereinnahmen verloren.

Hunderte Geschäfte im *Mercado de San Juan de Dios* in Guadalajara bieten wie auf unzähligen Märkten in der ganzen Republik täglich ihre unechten Markenklamotten und -accessoires, raubkopierte CDs, DVDs und Computerprogramme und technische Geräte, die sich mit dem Namen fremder Firmen schmücken, an. Dagegen wird bisher wenig unternommen. Allerdings gibt es gesetzliche Strafen, die bis zu sechs Jahren Haft für die Piraten vorsieht.

Werbungen auf DVDs und im Fernsehen sollen das Bewusstsein der Bevölkerung verändern: Die Kinder schämen sich wegen ihrer Mutter, die eine raubkopierte DVD auf dem Markt erstanden hat und stolz ihrer Nachbarin präsentiert.

Mehr Informationen zum Thema finden Sie in der Veröffentlichung von Saúl Santoyo Orozco, Präsident des *Comité de Asuntos Contenciosos*: *Situación Actual de la Piratería en México* (www.jetro.go.jp/mexico/topics/20100611493-topics/Situacion_actual_de_la_pirateria_en_Mexico_Saul_Santoyo.pdfin)

Korruption

Die nichtstaatliche Organisation Transparency International definiert Korruption als Missbrauch von anvertrauter Macht für private Zwecke. Jährlich befragt diese NGO Völker auf der ganzen Welt nach ihrer Wahrnehmung in Bezug auf Korruption im eigenen Land. Die Mehrheit der mexikanischen Bevölkerung (75 %) ist den Ergebnissen der Umfrage 2010 zufolge der Meinung, dass die Korruption im Land in den letzten drei Jahren zugenommen habe. Der internationale Korruptionswahrnehmungsindex spiegelt den Grad wider, in dem von der Bevölkerung im eigenen Land Korruption wahrgenommen wird. 2010 betrug dieser Wert in Mexiko 3,1 auf einer Skala von 1 bis 10, wobei 10 korruptionsfrei bedeuten würde. Dies ist der schlechteste Wert, den Mexiko in den letzten 10 Jahren erhalten hat. Zum Vergleich: Deutschland und Österreich erhielten von ihrer Bevölkerung eine 7,9, die Schweiz eine 8,7. Besonders korrupt sind in Mexiko Umfrageergebnissen zufolge Polizeibeamte, Parteimitglieder und die Justiz.

Die detaillierten Ergebnisse der Umfrage sowie Ergebnisse anderer Länder sind nachzulesen unter: www.transparency.org/policy_research/surveys_indices/gcb/2010/results.

Die Korruption in Mexiko zeigt sich nicht nur wirtschaftlich durch die unsachgemäße Verwendung von Geldern und die unrechtmäßige Vergabe von Ämtern, sondern auch im Alltag: Kaum ein Verkehrsdelikt wird ordnungsgemäß zur Anzeige gebracht. Stattdessen werden zum Beispiel Bestechungsgelder zwischen dem Fahrer und dem Polizeibeamten ausgehandelt. Ähnlich wird auch bei anderen Straftaten verfahren.

Die Regierung will gegen die Korruption im Land vorgehen: Die mexikanische Außenministerin Patricia Espinosa Cantellano spricht sich deutlich gegen die Korruption im Land und für einen Kampf gegen diese aus. 2009 organisierte sie ein Treffen mit der Präsidentin von Transparency International. Zum Internationalen Tag gegen die Korruption 2009 fand eine Konferenz mit dem Titel *"Retos y perspectivas en la prevención y combate a la corrupción en México"* (Herausforderung und Perspektiven der Prävention und des Kampfes gegen die Korruption in Mexiko) statt. Bei der Gründung der Internationalen Anti-Korruptionsakademie in Wien im September 2010 unterzeichnete auch Patricia Espinosa den Gründungsakt.

Drogenhandel

Mexiko ist Hauptlieferant illegaler Drogen in die USA. Verschiedene Drogenkartelle haben es sich zur Aufgabe gemacht, die verbotenen Produkte auf unterschiedliche Art und Weise durch Mexiko und über die Grenze in die USA zu schmuggeln. Immer wieder werden die verbotenen Stoffe in den bizarrsten Transportmitteln transportiert: Im Sommer 2009 wurden 839 Kilogramm Kokain in tief gefrorenen Haien gefunden. Häufig werden illegale Einwanderer als Lieferanten missbraucht. Im August 2010 erschütterte die Nachricht die Welt, dass 72 illegale Einwanderer von einer Drogenbande erschossen worden waren, als sie sich weigerten, als Handlanger für das Drogenkartell zu fungieren.

Besonders bekannt und gefährlich, da sie auch Zivilisten angreifen, ausrauben und töten, sind die ZETA, die auch für den Mord an den 72 Einwanderern verantwortlich gemacht werden.

Seit wenigen Jahren geht die Regierung extrem rigoros gegen die Drogenschmuggler vor: die Militärpräsenz im ganzen Land wurde deutlich aufgestockt und fast wöchentlich wird in den Nachrichten über einen Erfolg berichtet. Genau dieses straffe Vorgehen destabilisiert jedoch momentan die Situation in Mexiko: Die Drogenkartelle liefern sich nicht nur mit der Polizei Schießereien, sondern bekämpfen sich auch gegenseitig, um die durch Festnahmen frei gewordenen Plätze und Schmugglerrouten zu besetzen. Immer wieder werden auch Zivilisten Opfer dieser Auseinandersetzungen. Besonders drastisch ist die Situation derzeit an der Grenze zu den USA. In den Grenzstädten herrscht teilweise Ausnahmezustand. Schießereien gehören zum Alltag. Nachts traut sich kaum jemand auf die Straße. Von 2007 bis 2009 fielen 10.000 Menschen dem Drogenkrieg zum Opfer.

11. Kapitel:
INTERKULTURELLE PROBLEME

Im Rahmen einer Umfrage habe ich u. a. mithilfe einer Adjektivskala untersucht, wie die in Mexiko ansässigen Deutschen die Mexikaner wahrnehmen und wie diese sich selbst wahrnehmen.

Das Ergebnis war sehr interessant, die Antworten klaffen an vielen Stellen auseinander: Die deutschen Umfrageteilnehmer bewerteten die Mexikaner in Vielem extremer als diese sich selbst, sowohl in positiv als auch in negativ konnotierten Eigenschaften. So schätzten die deutschen Umfrageteilnehmer die Mexikaner im Durchschnitt als sehr gastfreundlich, höflich, entspannt, unpünktlich, temperamentvoll und gemeinschaftsorientiert ein. In all diesen Punkten positionierten die mexikanischen Umfrageteilnehmer ihre eigene Kultur eher mittig.

Eine kurze Gegenstichprobe ergab: Auch die mexikanischen Umfrageteilnehmer wählen bei der Einschätzung der deutschen Kultur eher Extreme. Nahe liegt daher die Annahme, dass man die eigene Kultur stets differenzierter wahrnimmt und daher weniger extrem bewertet als eine fremde Kultur.

Diese undifferenzierte Wahrnehmung kann zu Stereotypisierung führen. Fremde Kulturen sind viel vielschichtiger, als sie zunächst erscheinen!

Mexikaner sind im Vergleich zu Deutschen unpünktlicher, das nehmen sie auch selbst so wahr. Das heißt aber nicht, dass alle Mexikaner unpünktlich sind, und das heißt auch nicht, dass Mexikaner in allen Situationen unpünktlich sind. Im Gegenteil: Bei wichtigen Terminen, vor allem im Beruf, sind Mexikaner durchaus pünktlich.

Unpünktlichkeit wird zwar, ebenso Ergebnis der Umfrage, wahrgenommen, bereitet jedoch meist wenig Probleme. An diese Eigenschaft kann man sich als Nicht-Mexikaner offenbar gewöhnen.

Schwieriger scheint dahingegen eine mexikanische Eigenschaft zu sein, die die deutschen Umfrageteilnehmer mit „Unzuverlässigkeit"

11. Interkulturelle Probleme

benennen. Sie haben das Gefühl, sich auf nichts verlassen zu können. Jede Zusage kann kurzfristig zurückgenommen, jedes Treffen und jede Reise „spontan" abgesagt werden. Diese Spontaneität wiederum ist interessanterweise eine Eigenschaft, die vielen Deutschen an Mexiko sehr gefällt. Wie oft hört man nicht: „Da ist alles viel lockerer, die machen viel mehr spontan." Das sind zwei Seiten derselben Medaille: Wer spontan etwas unternimmt, muss unter Umständen manchmal vorher Geplantes absagen. Was uns also in der einen Situation gefällt, kann in der anderen störend sein.

Bei einem störenden Erlebnis könnte man versuchen, die dahinter stehende Eigenschaft zu abstrahieren und überlegen, ob diese nicht in einer anderen Situation eher schätzenswert wäre.

Die deutsche bzw. österreichische oder schweizerische Kultur unterscheidet sich sehr von der mexikanischen. Daher erleiden einige Deutsche in Mexiko einen Kulturschock. Von den Umfrageteilnehmerm (insgesamt 238 Personen) gaben 35 % an, schon einmal oder mehrfach durch die mexikanische Kultur so verunsichert worden zu sein, dass sie sich über einen längeren Zeitraum hinweg in Mexiko unwohl und evtl. auch unverstanden fühlten. Die Gründe für derartige Gefühle sind vielfältig. Zurückzuführen sind sie meist auf ein oder mehrere negative Erlebnisse mit Angehörigen der anderen Kultur, die nicht mit den eigenen kulturellen Werten erklärt und verstanden werden können. Häufig kann man diesen Prozess nur bedingt aktiv steuern.

Manchmal spürt man auch nur das Resultat: Sie fühlen sich unsicher, unverstanden, wissen in vielen Situationen nicht, wie sie sich angemessen verhalten sollen und/oder die Mexikaner sind Ihnen suspekt. Sprachprobleme tragen zusätzlich zu Missverständnissen bei.

Der beste Tipp: Wenn Sie etwas nicht verstehen, fragen Sie! Unklarheiten können Sie in Mexiko meist offen und direkt ansprechen. Möglicherweise werden Sie nicht sofort eine zufrieden stellende Antwort erhalten, denn auch ein Mexikaner muss erst einmal reflektieren, warum er in der fraglichen Situation so gehandelt oder reagiert hat.

Wenn Sie nicht mehr wissen, was es denn nun eigentlich war, das Sie an der mexikanischen Kultur verunsichert hat, und Sie sozusagen schon tief im Kulturschock stecken, hilft es vor allem, sich intensiver mit der fremden Kultur zu befassen. Über 75 % der von einem Kulturschock heimgesuchten Umfrageteilnehmer gab an, mexikanische Freunde hätten Ihnen bei der Lösung des Schocks geholfen. Auch der eigene, mexikanische Partner ist natürlich eine große Hilfe (51,5 %). Vielen hat auch die Auseinandersetzung mit sich selbst (63,6 %) und die aktive Auseinandersetzung mit der mexikanischen Kultur (z. B. durch aktivere Teilnahme am mexikanischen Leben) (57,6 %) weitergeholfen. Der Rückzug in die deutsche Kultur und damit die Meidung der mexikanischen scheinen wenig hilfreich zu sein.

Sollten Sie nicht selbst in der Lage sein, Ihre Verunsicherung und Irritation, die vor allem auch ein Gefühl des Alleinseins und Unverstandenseins hervorrufen können, zu lösen, können Sie auch professionelle Hilfe aufsuchen.

In Mexico D. F. finden Sie im German Centre einen Ansprechpartner. Wenn Sie in Guadalajara wohnen, kann ich Ihnen bei Ihren interkulturellen Problemen behilflich sein. Gern vereinbare ich einen Termin mit Ihnen, um Sie in Ihrem Erleben zu begleiten und Ihnen bei Problemen und Irritationen zur Seite zu stehen. Mehr Informationen zu den Beratungsangeboten und meiner Person finden Sie auf der Internetseite www.intracultural.com. Dort finden Sie auch meine E-Mail-Adresse.

Sehr wahrscheinlich ist, dass Sie in Mexiko auf Eigenarten und Reaktionen stoßen, die Sie nicht verstehen bzw. die Ihnen unpassend erscheinen.

Versuchen Sie, nicht vorschnell zu urteilen, so schwer es auch fallen mag. Oft stecken uns zunächst verborgene Ursachen hinter der Handlung. Beobachten Sie viel, fragen Sie, wenn Sie etwas nicht verstehen! Mexikaner sind, so von den Umfrageteilnehmern eingeschätzt, meist sehr hilfsbereite Menschen. Lassen Sie sich von ihnen helfen!

12. Kapitel:
DIE GEOGRAFIE MEXIKOS

In Mexiko leben derzeit 103.263.000 Menschen auf einer Fläche von 1.972.550 km².

Zum Vergleich: Deutschland hat eine Bevölkerungszahl von 82.056.000 Menschen und eine Fläche von 357.112 km². Mexiko ist demnach 5,5 Mal größer als Deutschland, beherbergt aber nur 1,25 Mal so viel Menschen, ist also sehr viel weniger dicht besiedelt. Das hängt vor allem mit der Geografie Mexikos zusammen: Wüsten, Gebirge und Regenwälder machen große Teile des Landes unbewohnbar.

Im Süden grenzt Mexiko an Belize und Guatemala. Dort sowie in Chiapas und in großen Teilen von Campeche, Tabasco und Quitana Roo herrscht ganzjährig ein tropisch-warmes, feuchtes Klima. Es fällt viel Niederschlag, was die Herausbildung einer vielfältigen Flora und Fauna ermöglicht hat.

Mexiko liegt zwischen dem Atlantik und dem Pazifik und hat insgesamt knapp 10.000 km Küste. Zum Vergleich: Deutschland hat knapp 2400 km Küste. **Im Osten** grenzen die Karibik (Yucatán und Quintana Roo) und der Golf von Mexiko (Yucatán, Campeche, Tabasco, Veracruz und Tamaulipas). **Im Westen** haben elf Bundesländer pazifischen Strand. Dort liegt auch die schmale, lang gestreckte Halbinsel Baja California, die, wie der Name schon sagt (*baja* – dt.: unter), unterhalb des US-amerikanischen Bundesstaats Kalifornien liegt. Das gebirgige Baja California ist aufgrund der zahlreichen Strände, die Tauch- und Schnorchelmöglichkeiten bieten, und der rauen See, die Surfer herausfordert, ein sehr beliebtes Ausflugsziel bei mexikanischen und ausländischen Touristen.

Im Norden grenzen die USA an Mexiko.

Zwischen den zwei Gebirgsketten im Osten (Sierra Madre Oriental) und Westen (Sierra Madre Occidental) des Landes liegt das Hochplateau Mesa Central, das mehr als die Hälfte der Landfläche einnimmt. Mexico D. F.

12. Die Geografie Mexikos

liegt über 2200 m über dem Meeresspiegel, Zacatecas etwa 2400 m. Monterrey liegt nicht im Hochland und ist somit nur wenig mehr als 500 m über Null.

Mehr Informationen zur Geografie Mexikos in deutscher Sprache finden Sie unter www.mexico-info.de/geo.html.

12.1 Fauna und Flora

Die unterschiedlichen geografischen Bedingungen haben verschiedene Ökosysteme hervorgebracht, die zahlreichen Tier- und Pflanzenarten Lebensraum bieten: Regen- und Nebelwälder, in den höheren Lagen Misch- und Nadelwälder, Wüsten, Vulkane, Moore, Lagunen, Küstenregionen etc. In den trockeneren Gebieten Mexikos wachsen unzählige Kakteenarten, unter anderem die Kandelaberkakteen, die bis zu 15 Meter hoch werden. Außerdem beheimatet Mexiko die blaue Agave, die zur Herstellung von Tequila verwendet wird, sowie die Yuccapalme, die viele in Mitteleuropa in ihrem Wohnzimmer stehen haben. In gemäßigteren Klimazonen, zum Beispiel in Jalisco, wachsen Misch- und Nadelwälder sowie Eukalyptusbäume. An diesen gut duftenden Bäumen klettern oft graue Eichhörnchen.

Das in Mexiko am häufigsten anzutreffende Säugetier ist zweifelsohne der Hund. In den Straßen, auf Höfen, in Häusern – überall gibt es Hunde. Fast jede Familie in Mexiko hat mindestens einen Hund – unabhängig von der Größe ihres Hauses oder ob das Haus über einen Garten verfügt. Straßenhunde gehören zum Alltag; vor allem auf dem Land prägen sie das Landschaftsbild. Sie sind aber meist nicht aggressiv. Die meisten Straßenhunde sind, vermutlich aufgrund schlechter Erfahrungen mit Menschen, verängstigt und menschenscheu. Das Gleiche gilt für Katzen.

In Yucatán und Quitana Roo gibt es weniger Hunde, dafür umso mehr Leguane. Zahlreiche 30 bis 60 cm große, bunte Leguane sonnen sich dort an allen erdenklichen Orten in der Mittagssonne. Sie können auch

12.1 Fauna und Flora

Eidechsen beobachten, die Hauswände hochklettern. In Yucatán können Sie außerdem in einem Nationalpark wild lebende Krokodile sehen und in der Nähe von Tulum mit Riesenschildkröten tauchen.

Im Regenwald wie zum Beispiel in Chiapas oder Tabasco leben neben Affen unter anderem Brüllaffen, Kröten, Schmetterlinge, Pumas, Luchse, Skorpione und Tarantulas.

In den Küstenregionen und Sumpf- und Seegebieten haben sich Flamingos, Pelikane, Geier und viele andere Vogelarten angesiedelt.

In Großstädten werden Sie vermutlich eher selten einem exotischen Tier begegnen. Mit einer Ausnahme: Auch in großen Städten Mexikos können Sie Kolibris antreffen. Fliegt ein Kolibri in die Nähe Ihres Fensters, bringt das nach mexikanischem Glauben Glück.

Ein besonderes Ereignis ist die Ankunft der Monarch-Schmetterlinge in Mexiko. Jedes Jahr zwischen November und April kommen Millionen Schmetterlinge von Kanada nach Michoacán, um dort zu überwintern.

13. Kapitel:

REISEN IN MEXIKO

Mexiko ist vor allem aufgrund seiner Größe, seiner Lage zwischen zwei Meeren und der unterschiedlichen geografischen Bedingungen, die vielfältige Flora und Fauna hervorgebracht haben und nicht zuletzt aufgrund seiner schönen Karibikstrände ein beliebtes Reiseland. Das folgende Kapitel soll Ihnen einen kurzen Einblick in die kulturellen und landschaftlichen Attraktionen geben, die Mexiko zu bieten hat.

13.1 Sehenswürdigkeiten und Reiseziele

Cenotes

Durch ein Loch in der gewölbten Felsdecke fallen vereinzelte Sonnenstrahlen ins Innere der unterirdischen Höhle und zaubern ein glitzerndes Funkeln in das glasklare, türkisblaue Wasser. Die tropfsteinartigen Höhlenformationen bergen zahlreiche Fledermäuse.

In Yucatán gibt es mehr als 3000 Cenotes. Sie sind durch den Einschlag eines Meteoriten in den Golf von Mexiko entstanden. Der Meteorit durchlöcherte das Kalkgestein der Halbinsel Yucatán wie einen Käse. Die neu entstandenen unterirdischen Höhlen und Becken füllten sich mit Wasser. Einer der berühmtesten Cenotes ist der *Cenote Sagrado* (Heiliger Cenote) in den Ruinen von Chichen Itzá. Dort opferten die Maya Jungfrauen und Knaben. Das Wasser ist heute grünlich trüb und unbewegt. In anderen Cenotes kann man sogar baden, schnorcheln und tauchen wie zum Beispiel dem *Gran Cenote* bei Tulum. Hier ist das Wasser glasklar, und auch wenn es keine Fische gibt, sind die Felsformationen einen Blick unter die Wasserdecke wert.

Strand und Meer

Mexiko hat knapp 10.000 km Küste, der größte Teil davon am Pazifik und ein kleiner Teil Karibik. Besonders sehenswert sind die Karibikstrände:

Feiner, weißer Sandstrand blendet vor kristallklarem, türkisblauen Meer. Das Meer an der Karibik ist das ganze Jahr über relativ warm und unbewegt. Surfen kann man hier nicht, dafür sind die Bedingungen für Schnorcheln und Tauchen ideal: Nicht nur, dass die Sicht extrem klar ist, es gibt unter Wasser auch eine große Vielfalt an Fauna und Flora zu bewundern. Neben bunten Fischen, Krebsen und großen Muscheln kann man mit etwas Glück Rochen, Riesenschildkröten und beim Tauchen evtl. sogar einen Delfin oder einen Hai sehen.

Wale können Sie an der Pazifikseite bestaunen. Von Dezember bis März paaren sich diese vom Aussterben bedrohten Tiere im seichten Wasser nahe der Halbinsel Baja California. Die Pazifikküste zieht aufgrund der raueren See vor allem Surfer an.

In zahlreichen Buchten gibt es Wellenformationen für den geübten Surfer. Sollten Sie zum ersten Mal auf ein Surfbrett steigen, erkundigen Sie sich am besten vorher, welche Bucht für Anfänger geeignet ist.

Urwald

Wenn Sie Regenwald mit tiefgrünen uralten Bäumen, bunten Orchideen, zahlreichen Vögeln, kleinen und großen Schmetterlingen, rauschenden Wasserfällen und brüllenden Affen kennen lernen möchten, sollten Sie in den Süden des Landes fahren: Das Hochland von Chiapas ist stark bewaldet und es herrscht ein tropisch-feuchtes Klima. Auch Pyramiden gibt es im Urwald und das Brüllen der Affen im Hintergrund verleiht dem Besuch der alten Stätten in Palenque eine besondere Note. Auch die meiste Landfläche Yucatáns ist von dichten Wäldern bewachsen, in deren Tiefen von Cancun oder anderen Städten aus Exkursionen unternommen werden können.

Wüsten

Die Sonora-Wüste bedeckt Teile Baja Californias und reicht vom Pazifik bis zum Atlantik weit in die USA hinein. Sie ist mit 320.000 km^2 eine der größten Wüsten der Erde und zudem eine der artenreichsten und vielseitigsten. Im Osten erreicht sie eine Höhe von 3000 m über dem Meeresspiegel, in den Küstenregionen ist sie flach. Sie umfasst trockene, sandige Regionen, aber auch mit Pinienbäumen bewachsene Bergregionen. Keine andere Wüste beheimatet derart viele giftige Tiere. Unter anderem leben Klapperschlangen und Skorpione in der sandigen Umwelt.

Zahlreiche Kakteenarten wachsen hier wie die artengeschützten Kandelaberkakteen. Sie werden bis zu 15 Meter hoch und bis zu 200 Jahre alt.

Außergewöhnliche, in anderen Teilen der Welt längst ausgestorbene Tier- und Pflanzenarten kann man in der Wüste Chihuahua antreffen, wie zum Beispiel die Wüstenschildkröte.

In den meisten Wüsten Mexikos wachsen viele verschiedene Kakteenarten. Deren Blütezeit ist im Mai. Ein Besuch lohnt sich zu dieser Jahreszeit besonders.

Berge

Mexiko ist ein sehr gebirgiges Land. Über die Hälfte der Landfläche liegt mehr als 1000 m über dem Meeresspiegel. Im Osten und im Westen ziehen sich Gebirgszüge von Norden nach Süden, die Sierra Madre Occidental und die Sierra Madre Oriental. Im Süden vereinen sie sich zur Sierra Madre del Sur, wo einige der höchsten Berge bzw. Vulkane Mexikos entstanden sind: Der Pico de Orizaba (auch Citlaltépetl genannt) ist mit 5747 m der höchste Berg und Vulkan Mexikos. Der Gipfel ist schneebedeckt. Auch der zweithöchste Berg Popocatépetl, ein aktiver Vulkan, gute 50 km südöstlich von der Hauptstadt, hat eine weiße Kuppe ebenso wie einige andere Berge und Vulkane mit einer Höhe von über 4000 m.

Viele der zahlreichen Vulkane in Mexiko brechen immer mal wieder aus. Im Jahr 2000 spuckte zum Beispiel der Popocatepétl Feuer und Asche, woraufhin mehrere 10.000 Anwohner evakuiert wurden. 2005 war ein kleinerer Ausbruch des Vulkans Colima zu verzeichnen.

Aufgrund der vielen Berge und Gebirge gibt es unzählige Hänge, Felsen und Bergwände in fast allen Bundesländern, die Anfänger und Fortgeschrittene zum Klettern auffordern.

13. Reisen in Mexiko

Eine Übersicht über Kletterrouten in mexikanischen Bergregionen mit Einschätzung des Schwierigkeitsgrades, Angaben, welche Ausrüstung man benötigt, und sogar Tipps zum Übernachten in der Nähe in spanischer Sprache sowie Fotos der einzelnen Hängen finden Sie unter www.escalando.net/?go=zonas.

Pyramiden

Die wohl bekannteste Mayastätte in Mexiko ist **Chichén Itzá**, zwischen Cancún und Mérida auf der Halbinsel Yucatán gelegen. Die Besiedlung des Gebietes durch das Mayavolk Itzá begann vermutlich im 3. oder 4. Jahrhundert. „Chichén" heißt so viel wie „am Rande des Brunnens", wobei mit Brunnen wahrscheinlich der Cenote Sagrado gemeint ist, wo später unzählige Menschen geopfert worden sind. Um 1000 n. Chr. hatte sich Chichén Itzá zu einer wirtschaftlich bedeutenden Stadt mit internationalen Handelsbeziehungen entwickelt. Etwa im 12. oder 13. Jahrhundert begann der schrittweise Verfall der Stadt, dessen Gründe bis heute nicht geklärt sind. Als die Spanier 1533 in der ehemals prächtigen Stadt ankamen, war die Stadt so gut wie verlassen.

Zweimal im Jahr gibt es ein besonderes Schauspiel in Chichén Itzá: Wenn die Sonne senkrecht zum Äquator steht (Äquinoktium, um den 21. März und um den 23. September), erscheint am Nachmittag auf der Pyramide von Kukulkan der Schatten einer Schlange, die sich hinab schlängelt.

Mehr Informationen hierzu und zu den einzelnen Bauwerken der Stadt finden Sie unter www.yucatan-guide.de/mayas/Chichen-Itza.htm.

1988 wurden die Ruinen von Chichén Itzá zum Weltkulturerbe ernannt. Weitere Informationen zu Chichén Itzá sowie Fotos und ein Video finden Sie auf der Website der UNESCO, derzeit unter dem Link whc.unesco.org/en/list/483.

Auch die Ruinen der einstmals riesigen Stadt **Teotihaucán** in der Nähe von Mexico D. F. sind Weltkulturerbe. Die Stadt entstand bereits um 100 n. Chr. und ist somit eine der ältesten historischen Stätten in Mexiko. Im 7. Jahrhundert wurde sie nach und nach verlassen. Die Gründe dafür sind unklar. Der Name Teotihuacán (sinngemäß: „der Ort, wo die Götter erschaffen wurden") wurde der Stadt später von den Azteken verliehen, die in ihr einen heiligen Ort sahen und sie als eine Art Wallfahrtsstätte nutzten (weitere Informationen unter whc.unesco.org/en/list/414).

Beliebt und bekannt wegen ihrer außergewöhnlichen Lage am Strand sind die Pyramiden in **Tulum**. Auch diese Stadt wurde von den Mayas erbaut und erlebte ihre Blütezeit zwischen 1000 und 1300 n. Chr. Die Ruinen mit dem türkisblauen Wasser im Hintergrund bieten einen wunderschönen Anblick, sind allerdings vermutlich aufgrund der raueren klimatischen Bedingungen nicht so gut erhalten wie z. B. die Bauwerke in Chichén Itzá.

Sehr sehenswert, unter anderem aufgrund ihrer Naturumgebung, sind die Ruinen in **Palenque**. Die etliche Kilometer große Anlage liegt mitten im Dschungel – von den höchsten Pyramiden hat man einen atemberaubenden Blick über das Land.

Wenn Sie einmal in Chiapas sind, sollten Sie es nicht versäumen, die beeindruckenden Wasserfälle Mishol-Há und Agua Azul anzuschauen.

Mehr Informationen zu sehenswerten Ausflugszielen in Chiapas unter www.chiapas.gob.mx/zonas-arqueologicas.

Wasserfälle, Seen und Flüsse

Die beiden genannten Wasserfälle in Chiapas sind zwei der wohl faszinierendsten. In dem glasklaren, blauen Wasser der zahlreichen kleinen Becken, die der riesige Wasserfall Agua Azul bei seinem gemächlichen Abstieg bildet, kann man auch baden.

Neben Chiapas ist auch Oaxaca eine gute Anlaufstelle, wenn Sie riesige Wasserfälle oder reißende Flüsse bewundern wollen. Hier gibt es zum Beispiel die heiße Quelle Hierve el Auga (sinngemäß: „das Wasser kocht") zu besichtigen, die bei den Zapotecen als Heiliger Ort galt. Umfangreiche, wenn auch etwas chaotische Informationen über sehenswerte Ziele in Oaxaca bietet die mexikanische Website www.oaxaca-mio.com/ecoturismoenoaxaca.htm.

13. Reisen in Mexiko

Der größte See in Mexiko ist mit 1685 km² der See Chapala bei Guadalajara. In der gleichnamigen Stadt kann man zwischen unzähligen mehr oder minder guten Fischrestaurants wählen und sich von den zahlreichen Mariachigruppen ein Lied spielen lassen. In einem Boot können Sie allein oder in einer Gruppe über den See fahren, den Fischern beim Fischen zusehen und die kleine Insel in der Mitte des Sees besichtigen.

Am Rande des Sees, an der Strandpromenade, verkaufen Händler an Ständen Eis, Kunsthandwerk und alkoholische Getränke.

Touristisch ebenfalls interessant ist der See der Stadt Pátzcuaro in Michoacán und die zahlreichen, unterschiedlich farbigen Lagunas de Montebello im gleichnamigen Nationalpark in Chiapas.

Der größte Fluss in Mexiko verläuft entlang der mexikanischen-amerikanischen Grenze, der Rio de Bravo. Etliche Mexikaner verlieren jedes Jahr in der reißenden Strömung des Flusses ihr Leben bei dem Versuch, illegal in die USA zu gelangen.

In den Bundesstaaten Morelos, Veracruz, San Luis Potosí und Chiapas gibt es **Flüsse** mit mehr oder minder starken Stromschnellen, die zum Rudern, Paddeln und Rafting einladen. In dem riesigen, romantisch schönen Nationalpark Barrancas del Cobre in Chihuahua finden Sie zahlreiche Seen und Flüsse, auf denen unterschiedliche Arten von Wassersport betrieben werden können.

Mehr Informationen zum Rafting, Surfen, Radfahren und anderen Aktivitäten in Mexiko finden Sie unter www.mexico-mio.de/mein-mexiko/mexiko-aktiv.html.

Sehenswerte Städte

Die 16-Millionen-Einwohner-Stadt **Mexico D. F.** bietet nicht nur aus dem Flugzeug einen wahrhaft atemberaubenden Anblick, auch unten gibt es eine Menge zu sehen. Besonders empfehlenswert ist ein Besuch in dem Schloss (*Castillo*) Chapultepec, von dessen Gemächern man außerdem einen schönen Ausblick auf die Stadt hat. Das nahe gelegene Museo

Nacional de Antropología ist ebenfalls eine Besichtigung wert. Das barocke Zentrum lädt zu einem Bummel ein und in der Colonia Condesa können Sie in einem teuren, aber guten Restaurant oder in einer Bar den Abend gebührend ausklingen lassen.

Sollten Sie ein paar Tage Zeit haben, lassen Sie sich die 50 km entfernten Pyramiden von Teotihuacan nicht entgehen, ebenso wenig wie Valle de Bravo, ein Städtchen in bergiger Gegend mit einem riesigen See.

Guadalajara wird manchmal als die mexikanischste unter den Städten bezeichnet. Mit über 4 Millionen Einwohnern ist sie die drittgrößte Stadt Mexikos. Nicht nur im Zentrum laden Cafés, Bars und Restaurants dazu ein, die gesamte Bandbreite der mexikanischen Küche und der alkoholischen Getränke zu probieren. In Tlaquepaque können Sie im Parian bei einem Glas Tequila am Wochenende traditioneller Musik lauschen und traditionelle Tänze bewundern.

Am besten und günstigsten Kunsthandwerk einkaufen kann man in Tonalá oder etwas teurer, dafür auch schicker in Tlaquepaque. Beide Orte liegen etwa eine Stunde vom Zentrum Guadalajaras entfernt.

Ein bei Mexikanern beliebtes Wochenendausflugsziel ist der nahe gelegene See Chapala, der größte See Mexikos.

Schöne, kleine Kolonialstädte mit eindrucksvollen Kathedralen sind zum Beispiel **Morelia** (Jalisco), **Zacatecas** oder **San Luis Potosí**. Das historische Zentrum der barocken Stadt **Oaxaca**, die im 16. Jahrhundert von den Spaniern erbaut wurde, sowie die nahe gelegene archäologische Fundstätte **Monte Albán**, die einst unter Herrschaft der Zapoteken Hauptstadt eines großen Regionalstaates war, gehören zum Weltkulturerbe.

Sehr eindrucksvoll ist die Stadt **Guanajuato**, deren historisches Zentrum und alte Silberminen ebenfalls von der UNESCO zum Weltkulturerbe ernannt wurden. Außerdem ist die Stadt mit ihren zahlreichen bunten Häusern und den unterirdischen Straßen, die sich in barocken Tunneln unter der Altstadt schlängeln, wunderschön anzusehen. Die Stadt war Drehort für den preisgekrönten mexikanischen Film „El Estudiante".

Nur eine Busstunde von Guanajuato entfernt liegt **San Miguel de Allende**, ebenfalls eine kleine Kolonialstadt mit einer stattlichen Kathedrale, deren Geschichte jeden Abend nach Einbruch der Dunkelheit mit Lichteffekten an den Mauern der Kathedrale dargestellt wird.

Wenn Sie die Ruinen in Palenque in Chiapas besuchen, sollten Sie unbedingt dem architektonisch bewundernswerten Kolonialstädtchen **San Cristóbal de las Casas** einen Besuch abstatten. Chiapas ist der Bundesstaat mit der höchsten indigenen Bevölkerung. In den umliegenden Dörfern von San Cristóbal de las Casas spricht kaum jemand Spanisch als Muttersprache.

Bekannt und beliebt wegen seiner langen Strandpromenade (*el malecón*) ist **Puerto Vallarta**, wo es vor allem am Wochenende zahlreiche Spektakel und Kunstwerke zu sehen gibt.

Mehr Informationen zu Städten in Mexiko und deren Sehenswürdigkeiten finden Sie unter www.mexico-mio.de/reiseziele-in-mexiko/staedte.html.

Nationalparks und andere Schutzgebiete

In Mexiko gibt es derzeit etwa 67 Nationalparks. Sie sind verteilt über ganz Mexiko und bieten dem Besucher unterschiedliche Einblicke in die Tier- und Pflanzenvielfalt Mexikos. Der flächenmäßig größte Nationalpark ist der **Arrecife Alacranes** im Golf von Mexiko bei Yucatán. Es handelt sich hierbei um eine Inselgruppe, in deren Wassern über 30 verschiedene Korallenarten und auf deren Landfläche über 100 Vogelarten leben.

Eine Sonderstellung hat das Biosphärenreservat **Sian Ka'an** (sinngemäß: „der Ort, wo der Himmel geboren wurde") in Yucatán, das 1987 von der UNESCO zum Weltnaturerbe ernannt wurde. Die 528.000 Hektar große Biosphäre umfasst Gebiete tropischen Regenwaldes, Mangrovenwälder, Moore und große Teile der Küste mit einigen Riffen. Über 300 Vogelarten leben hier. Mehr Informationen unter whc.unesco.org/en/list/410.

Sehr beeindruckend ist der **Cañon de Sumidero**, eine bis zu 1000 Metern tiefe Schlucht in Chiapas, die zusammen mit den umliegenden Wäldern einen 20.000 Hektar großen Nationalpark bildet. Auch die zwei zweithöchsten Berge Mexikos sind zu einem Nationalpark verbunden worden: der **Iztaccíhuatl-Popocatépetl-Park** (der gleichnamigen Berge) liegt bei Mexico D. F. und ist zu großen Teilen von Schnee bedeckt.

Ein landschaftlich sehr eindrucksvoller Nationalpark ist **Lagunas de Montebello** in Chiapas, der 52 Seen, umgeben von Nadelwäldern, umfasst. Aufgrund unterschiedlicher Algenbewachsung haben die Seen verschiedene Farben: von dunkelblau bis türkisgrün ist alles dabei. Die Gegend ist touristisch noch recht wenig erschlossen.

Eine Übersicht über alle Nationalparks mit Größenangabe und nach Bundesländern geordnet finden Sie unter www.mexiko-lindo.de/themenpool/tourismus/233-nationalparks-parques-nacionales.html. Mehr Informationen über sehenswerte Orte mit Hintergrundinformationen und Bildern finden Sie unter www.lugaresdemexico.com.

13.2 Hostel oder Hotel – Luxusreise oder Backpacking?

Jedes Jahr zieht es **Backpacker** aus aller Welt nach Mexiko. Die meisten sind mit dem in Amerika publizierten Reiseführer Lonely Planet bewaffnet. Durch diese Gemeinsamkeit trifft man in den in diesem Reiseführer empfohlenen Hostels meist auf zahlreiche Gleichgesinnte unterschiedlichster Kulturen. Oft schließt man sich mit anderen Reisenden zusammen und fährt gemeinsam zum nächsten Ziel. In Hostels kann man Betten in Mehrbettzimmern (meist mit vier bis acht Betten) buchen oder auch ein Einzel- oder Doppelzimmer. Diese sind jedoch oft kaum günstiger als ein Mittelklassehotelzimmer.

Wenn Sie auf Backpackertrip gehen wollen, sollten Sie möglichst wenige Wertsachen mitnehmen. Ihren Reisepass sollten Sie dabei haben, den können Sie im Hostel auch an der Rezeption einschließen lassen. Sinnvoll ist es auch, eine Kopie vom Reisepass immer dabei zu haben. Auf Kameras, MP3-Player oder gar Laptops müssen Sie auch innerhalb des

Hostels sehr aufpassen. Lassen Sie keine Wertsachen in Ihrem Schrank im Hostelzimmer – auch dann nicht, wenn Sie ihn mit einem Schloss verschließen können!

Zum Backpacking gehört vor allem, neue Leute kennenzulernen, ein wenig Toleranz, was Ordnung und Sauberkeit anbelangt, und eine gute Portion Spontaneität. Es ist sogar sinnvoll, die Reiseroute vorher nicht 100 % festzulegen, sondern sich vor Ort das nächste Ziel zu überlegen. Lassen Sie sich von Reisenden, die aus der Gegenrichtung kommen, über sehenswerte Ziele und gute Hostels beraten! Es gibt keinen besseren Reiseführer als die frischen Erfahrungen und Tipps von gleichgesinnten Reisenden.

Wer sich keinen Lonely Planet anschaffen möchte, kann Hostels auch auf der Internetseite des Verlages finden. Empfehlenswerter für die Hostelsuche im Internet ist jedoch die Website www.hostelworld.com, wo Sie die Hostels auch online gleich buchen können. Dies ist jedoch wenig empfehlenswert, da hier zusätzlich ein Reservierungszuschlag bezahlt werden muss. Außerdem muss bei Nichtanreise ein Teil der Hostelkosten trotzdem bezahlt werden. Wenn Sie Grund zu der Annahme haben, dass das Hostel voll ist, können Sie oft per Telefon ein Bett reservieren. Die Telefonnummer erscheint leider nicht auf der Seite, aber eine kurze Suche im Internet fördert sie meist zutage.

All-Inclusive-Hotels sind in Mexiko nicht so teuer wie in Deutschland. So kann man mit etwas Glück an der Karibik in einem All-Inclusive-Hotel für umgerechnet etwa 50 Euro einmal übernachten und dazu essen und trinken, so viel man kann. In den meisten mexikanischen All-Inclusive-Hotels sind alle alkoholischen Getränke den ganzen Tag über kostenlos.

Besonders günstige Angebote gibt es natürlich außerhalb der internationalen und nationalen Saison, also zum Beispiel im frühen Frühjahr (nicht um Ostern!), sofern kein mexikanischer Feiertag dort liegt.

Im Internet finden Sie günstige Angebote für Hotels aller Kategorien zum Beispiel unter:

13.2 Hostel oder Hotel – Luxusreise oder Backpacking?

www.tripadvisor.com.mx
www.tripadvisor.de
www.hoteles.com
www.booking.com
www.expedia.com

Der Vorteil solcher Internetreiseanbieter ist, dass diese häufig Sonderpreise von den Hotels bekommen – das heißt, oft fallen die Preise über solche Agenturen günstiger aus als bei Direktbuchung.

Ganze Reisepakete mit Anreise und Unterkunft können Sie gut in örtlichen Reisebüros kaufen.

14. Kapitel:

NOTRUFNUMMERN UND ANDERE WICHTIGE KONTAKTADRESSEN IN MEXIKO

Notrufnummer: 080
(Polizei, Ambulanz, Feuerwehr)

Notrufnummer des Roten Kreuzes: 065

Kreditkartensperrnummer für Kreditkarten: 0049 116 116
(für Kreditkarten ausgestellt in Deutschland, Österreich oder der Schweiz)

Deutsche Botschaft, Mexico D. F.
Horacio 1506
Col. Los Morales, Sección Alameda
11530 México, D. F.
Telefon: (+52) 55 5283 2200
Telefax: (+52) 55 5281 25 88
www.mexiko.diplo.de

Österreichische Botschaft, Mexico D. F.
Sierra Tarahumara 420
Col. Lomas de Chapultepec
11000 México, D. F.
Telefon: (+52) 55 5251 0806
Telefax: (+52) 55 5245 0198
Notfallnummern:
Innerhalb Mexiko-Stadt: 044 55 91994579
Außerhalb Mexiko-Stadt: (01-) 55 91994579
www.bmeia.gv.at/botschaft/mexiko.html

Schweizer Botschaft, Mexico D.F
Torre Optima, piso 11
Paseo de las Palmas No. 405
Lomas de Chapultepec
11000 México, D. F.
Telefon: (+52) 55 9178 4370
Telefax: (+52) 55 5520 8685
www.eda.admin.ch/mexico

15. Kapitel:
KLEINES REISEWÖRTERBUCH

Sich kennenlernen – Conocerse

hola	Hallo
buenos días	Guten Morgen/Guten Tag
buenas tardes	Guten „Nachmittag" (benutzt man nach 12:00 Uhr)
buenas noches	Gute Nacht (ab 18:00 Uhr oder später)

gracias	danke
por favor	bitte (beim Äußern einer Bitte)
de nada	bitte (als Antwort auf „danke"), gern geschehen
perdón	Entschuldigung (bei einem Versehen)
disculpa/e	Entschuldige/Entschuldigen Sie (bei einer Bitte)

ser/estar	sein, sich befinden
¿Cómo estás?	Wie geht es dir?
¿Cómo está (usted)?	Wie geht es Ihnen?
(muy) bien	(sehr) gut
(muy) mal	(sehr) schlecht
más o menos	es geht
también	auch
llamarse	heißen (reflexiv)
encantado	sehr erfreut (für Männer)[5]
encantada	sehr erfreut (für Frauen)

Kennenlerndialog zwischen zwei Personen, die sich duzen

A: Hola, ¿cómo estás?	Hallo, wie geht's (dir)?
B: Muy bien, gracias. ¿Y tú?	Sehr gut, danke. Und dir?
A: También bien, gracias.	Auch gut, danke.
B: ¿Cómo te llamas?	Wie heißt du?
A: Me llamo Jorge. ¿Y tú?	Ich heiße Jorge. Und du?
B: Yo soy Maria.	Ich bin Maria.
A: Encantado.	Sehr erfreut.
B: Encantada.	Sehr erfreut.

---

[5] Ausschlaggebend ist hier die Person, die spricht, nicht die, die vorgestellt wird. Wird also Frau Mayer dem Herrn Sanchez vorgestellt, antwortet dieser mit „encantado" und sie mit „encantada".

15. Kleines Reisewörterbuch

Kennenlerndialog zwischen zwei Personen, die sich siezen

A: Buenos días, ¿cómo está (usted)?	Guten Tag, wie geht es Ihnen?
B: Bien, gracias. ¿Y usted?	Gut, danke. Und Ihnen?
A: También bien, gracias.	Auch gut, danke.
B: ¿Cuál es su nombre?	Wie ist Ihr Name?
A: Peter Mayer. ¿Y cual es su nombre?	Peter Mayer. Und wie ist Ihr Name?
B: Me llamo Nadia Lomelí.	Ich heiße Nadia Lomelí.
A: Encantado.	Sehr erfreut.
B: Encantada.	Sehr erfreut.

Herkunft und Beschäftigung – origen y ocupación

¿Dónde?	Wo?
¿Dedónde?	Woher?
Alemania	Deutschland
Suiza	Schweiz
Austria	Österreich
hacer	machen
aquí	hier
trabajar	arbeiten
estudiar	studieren
hacer una practica	ein Praktikum machen
aprender español	Spanisch lernen
estar de vacaciones	im Urlaub sein

¿Dedónde eres? ¿Dedónde es usted?	Woher kommst du? Woher kommen Sie?
Soy de Alemania/Suiza/Austria.	Ich bin aus Deutschland/der Schweiz/Österreich.
¿Qué haces (aquí)? ¿Qué hace usted (aquí)?	Was machst du (hier)? Was machen Sie (hier)?
Trabajo/estudio/hago una practica/estoy aprendiendo español/estoy de vacaciones.	Ich arbeite/studiere/mache ein Praktikum/bin dabei, Spanisch zu lernen/bin im Urlaub.
¿Dónde trabajas/trabaja (usted)?	Wo arbeitest du/arbeiten Sie?
¿Dónde estudias/estudia (usted)?	Wo studierst du/studieren Sie?
Trabajo en/Estudio en…	Ich arbeite bei/studiere an …

Nach dem Weg fragen – preguntar por el camino

Um die Frage nach dem Weg höflicher zu gestalten, beginnen Sie Ihre Frage stets mit einem „Disculpa" (wenn Sie die Person duzen) oder „Disculpe" (wenn Sie die Person siezen), was so viel heißt wie „Entschuldige bitte" bzw. „Entschuldigen Sie bitte".

¿Dónde está el baño?	Wo ist das Bad?
¿Dónde hay…	Wo gibt es …
- un cajero?	- einen Geldautomaten?
- un super(mercado)?	- einen Supermarkt?
- una lavandería?	- eine Wäscherei?
- un teléfono público?	- eine Telefonzelle?

¿Dónde está	Wo ist
- el centro?	- das Zentrum
- el museo	- das Museum
- el ayuntamiento	- das Rathaus
- la policia?	- die Polizei
- la estación/parada de bus?	- die Bushaltestelle
- la central de autobuses?	- der zentrale Busbahnhof
- el aeropuerto?	- der Flughafen

<u>Unterschied zwischen „hay" und „estar"</u>

Mit „hay" (wörtl.: „es gibt") fragt man immer nach etwas Unbestimmtem, zum Beispiel nach (irgend)einer Bushaltestelle („¿Dónde hay una parada de autobús/de camión?"). Mit „estar" fragt man nach einem ganz bestimmten Ziel, zum Beispiel, wo ist DAS Museum („¿Dónde está el museo?"). „hay" wird daher immer mit einem bestimmten Artikel („un", „una") benutzt, „estar" meist mit einem bestimmten („el", „la", „los", „las").

15. Kleines Reisewörterbuch

Wegbeschreibungen – describir un camino

la calle	die Straße
la avenida	die Avenida (große Straße)
la cuadra	der Block (Bereich von einer Querstraße zur nächsten)
la esquina	die Ecke
a la derecha	rechts
a la izquierda	links
(todo) derecho	(immer) geradeaus
allí	dort
lejos	weit
cerca	nah

Einkaufen und Verhandeln – Comprar y negociar

¿Cuánto cuesta/sale …?	Wieviel kostet …?
Cuesta/sale…	Das kostet …
negociar	verhandeln
comprar	kaufen
vender	verkaufen
caro	teuer
barato	billig
bonito	schön
Me gusta./Me gustan.	Das gefällt mir./Die gefallen mir.
bajar el precio	den Preis heruntersetzen

Sätze, um Preise herunterzuhandeln

¿Es el último precio?, ¿Es lo mas barato?	Ist das der endgültige Preis?, Ist das das günstigste?
Está muy/demasiado caro. ¿Me lo das mas barato?	Das ist sehr/zu teuer. Verkaufst du es mir billiger?
Te doy … pesos.	Ich gebe dir … pesos.
Te lo compro en … pesos.	Ich kaufe es für … pesos.

Zahlen - numeros

1 – uno	13 – trece	40 – cuarenta
2 – dos	14 – catorce	50 – cinquenta
3 – tres	15 – quince	60 – sesenta
4 – cuatro	16 – dieciseis	70 – setenta
5 – cinco	17 – diecisiete	80 – ochenta
6 – seis	18 – dieciocho	90 – noventa
7 – siete	19 – diecinueve	100 – cien
8 – ocho	20 – veinte	200 – doscientos
9 – nueve	21 – veintiuno	300 – trescientos
10 – diez	22 – ventidos	...
11 – once	...	1000 – mil
12 – doce	30 – treinta	

Sich verabreden – hacer citas

la cita	Verabredung, Termin
la reunión	Versammlung, Treffen
verse	sich sehen, sich treffen
nos vemos (a)	wir treffen uns (um)
el cine	Kino
el teatro	Theater
el cumple(años)	Geburtstag
la fiesta	Party
la boda	Hochzeit
la inauguración	Einweihung

Die Uhrzeit – la hora

¿Qué hora es?	Wie spät ist es?
Son las tres/cuatro.	Es ist um drei/vier.
¿A qué hora empieza ...?	Um wie viel Uhr beginnt ...?
A las tres.	Um drei.

<u>Ausnahme:</u> **Es** la una. – Es ist um eins.

Nur für die erste Stunde nachts oder nachmittags wird "sein" im Singular verwendet (*es*).

15. Kleines Reisewörterbuch

tres y cuarto	3:15
tres y media	3:30
un cuarto para las cuatro	3:45
diez para las cuatro	3:50
cuatro y cinco	4:05

In Mexiko zählt man nicht in 24 Stunden, sondern in 12, wie zum Beispiel auch in den USA. 16:30 ist also 4:30 nachmittags oder 4:30 pm.

en la mañana	morgens
al mediodía	mittags
en la tarde	nachmittags/abends
en la noche	spät abends/nachts

Farben

blanco	weiß	amarillo	gelb
negro	schwarz	verde	grün
rojo	rot	café	braun
azul	blau	naranja	orange
rosa	rosa	morado	lila
gris	grau	tinto	weinrot
turquesa	türkis	dorado	golden
beige	beige	plateado	silbern

Im Supermarkt – En el super(mercado)

Butter	la mantequilla
Brot	el pan
Ei	el huevo
Honig	la miel
Käse	el queso
Kuchen	el pastel
Marmelade	la mermelada
Mehl	la harina
Milch	la leche
Nudeln	la pasta

Reis	el arroz
Salz	la sal
Schinken	el jamón
Schokolade	el chocolate
Zucker	el azúcar

Obst und Gemüse	Frutas y verduras
Ananas	la piña
Apfel	la manzana
Avocado	el aguacate
Banane	el plátano
Bohne	el frijól
Erdbeere	la fresa
Erdnuss	el cacahuete
Gurke	el pepino
Kartoffel	la papa
Melone	el melón
Nuss	la nuez
Orange	la naranja
Salat	la lechuga
Tomate	el jitomate
Wassermelone	la sandía
Weintraube	la uva
Zitrone	el limón
Zwiebel	la cebolla

Zimmer reservieren – reservar una habitación

belegt	ocupado/a
frei	libre
Einzelzimmer	la habitación individual
Frühstück	desayuno
Doppelzimmer	la habitación doble
Hostel	el hostal
Hotel	el hotel
im Preis inbegriffen	incluido (en el precio)
reservieren	reservar

15. Kleines Reisewörterbuch

Zimmer	la habitación

Ich möchte ein Doppelzimmer für eine Nacht reservieren.	Quisiera reservar una habitacíon doble para una noche.
Haben Sie noch freie Zimmer?	¿Tiene (usted) habitaciones libres?
Wieviel kostet ein Doppelzimmer?	¿Cuanto cuesta una habitación doble?
Ist das Frühstück im Preis inbegriffen?	¿El desayuno está incluido?

ÜBER DIE AUTORIN

Die Autorin Sara Konstanze Müller, geboren am 29.07.1985 in Nordhausen, studierte an der Universität Hildesheim Internationales Informationsmanagement mit dem Schwerpunkt Angewandte Sprachwissenschaften und den Nebenfächern BWL, Psychologie und Musik. Während ihres Studiums absolvierte sie ein Auslandssemester in Spanien, einen Spanischkurs in Guatemala und ein Praktikum in San Jose, Costa Rica, und in Guadalajara, Mexiko. Ihre Magisterarbeit zum Thema „Interkulturelle Probleme von Deutschen in Mexiko" schrieb sie in Guadalajara, wo sie derzeit an einer Sprachschule Deutsch unterrichtet.

INDEX

A
Alkohol 29, 30, 45, 48, 72, 104, 112, 124, 125
Angestellte(r) 125
Arbeitserlaubnis 15
Arbeitsplatz 119
Arzt 22, 141, 142, 144
Aufenthalt 15, 21, 99, 131, 139, 152
Auto 17, 19, 63, 66, 67, 68, 69, 71, 72, 73, 74, 77, 78, 89, 110, 121, 122

B
Bank, Bankkonto 23, 72, 92, 100, 101

D
Deutsch, deutschsprachig 19, 81, 115, 120, 121, 152

E
Einkaufen 103, 216
Einkommen 125
Einkommensteuer 125
Einwohner 109, 164, 175, 200
Essen 11, 30, 43, 49, 50, 53, 104, 105, 124, 145

F
Familie 12, 59, 60, 78, 126, 190
Firma 104, 132
Führerschein 33, 69, 70, 71

G
Gesellschaft 116, 122

H
Hochschule 150

I
Impfung 21, 22, 140, 146
Institut 115

K
Kinder 59, 75, 105, 111, 149, 150, 151, 152, 153, 165, 168, 177
Kleidung 103
Krankenversicherung 119, 139, 140, 141, 142
Kultur 11, 12, 149, 183, 184, 185

M
Markt 63, 105, 124, 176, 177
Medien 77, 79, 80, 146, 176

P
Praktikum 11, 131, 132, 214

R
Recht 72
Reisepass 32, 33, 203
Religion 81, 83, 164, 166
Rentner(in) 15, 98

S
Schule 65, 109, 149, 150, 151
Sicherheit 20, 32, 38, 62, 76, 77, 79, 100, 124, 175
Sozialversicherung 119
Spanisch 9, 16, 17, 19, 20, 21, 59, 60, 61, 65, 121, 143, 149, 152, 164, 202, 214
Sport 107, 108
Sprachkurs 17, 20, 65
Staatsbürgerschaft 98, 120, 164
Steuer 124, 125
Supermarkt 50, 94, 103, 173, 215, 218

T
Touristen 105, 106, 127, 158, 189
Transport 51

U
Umwelt 174, 197
Universität 17, 18, 131
Unternehmen 79, 80, 120, 121, 122, 123, 132

V
Versicherung 73, 140, 141
Visum, Visa 15, 27, 70, 98, 99, 100, 101

W
Wirtschaft 7, 124, 164, 166, 167, 169, 171, 175, 176
Wohnsitz 26, 89, 99
Wohnung 6, 25, 26, 63, 89, 90, 91, 132

Z
Zins, Zinsen 101